Colección **StuG3**

AF273526

CONDECORACIONES «CLANDESTINAS» DE LA GUERRA CIVIL

LAUREADAS Y MEDALLAS MILITARES A EXTRANJEROS

ANTONIO PRIETO – SANTI CAMPS – JAVIER NART

www.gallandbooks.com

NOTA DE LOS AUTORES

Según lo dispuesto en el vigente Reglamento de la Real y Militar Orden de San Fernando, son componentes de la Real y Militar Orden de San Fernando, los caballeros y damas Grandes Cruces Laureadas, Cruces Laureadas y Medallas Militares, así como las unidades, centros y organismos militares, cuyas banderas y estandartes ostenten la Corbata de la Laureada, o de la Medalla Militar, o que tengan concedidos los guiones-enseña de las Laureadas o Medallas Militares colectivas.

La Cancillería de la Real y Militar Orden de San Hermenegildo es la encargada de llevar a cabo todos los asuntos relacionados con la Real y Militar Orden de San Fernando y entre sus misiones, están las de «tener actualizadas las relaciones de todos los pertenecientes a la Orden» y «recopilar datos, bibliografía y cuantos documentos y publicaciones afecten a la Real y Militar Orden de San Fernando o a sus miembros».

Esta tarea se realiza por un Centro de Documentación que depende de la Unidad Administrativa de la Orden, manteniendo actualizada de forma continua y permanente una base de datos histórica de los pertenecientes a la misma, en la que se han incluido, de forma contrastada, todos los que hayan recibido alguna de sus recompensas, lo que se ha hecho atendiendo a fuentes primarias y archivísticas, así como gacetas, boletines o colecciones legislativas.

Los listados de las Laureadas y Medallas Militares que acompañan este trabajo son de elaboración propia, pero las concesiones se han confirmado a través del citado Centro de Documentación, incluyéndolas en su base de datos. No obstante, varios de los nombres aparecen en tablas separadas con las notas de "dudosas" o "por confirmar", ya que se tiene noticias de ellas, pero carecen de una fuente primaria que permita confirmarlo.

Título original: Condecoraciones «clandestinas» de la Guerra Civil. Laureadas y Medallas Militares a Extranjeros
Primera edición: marzo 2025
ISBN: 978–84-19469-81-6
Depósito legal: DL VA 82-2025
Diseño y maquetación: Carlos Castañón y Boca Multimedia
Tratamiento de imágenes: Boca Multimedia
Imprime: Rudelgraf
Impreso en España

LA ORDEN DE SAN FERNANDO

El general habilitado Heli Rolando Tella y un capitán español, junto a dos gendarmes en la frontera francesa. Las tropas de Franco habían tomado ya toda Cataluña. En el pecho de Tella luce una Cruz Laureada de San Fernando.

¿Cuántos españoles poco ó mal informados, creen que la *laureada*, también es una cosa *franquista*? Esta recompensa que ha llegado hasta nuestros días con este nombre, tiene su origen en la Real y Militar Orden de San Fernando, que como veremos, ya incluía esta categoría desde su fundación en 1811. Al inicio de la Guerra Civil española, casi se habían cumplido 125 años de su creación, por lo que difícilmente puede atribuirse al Generalísimo o al llamado Estado Español esta cuestión. Otra cosa es el uso, quizás el abuso o la justificación de algunas de las concesiones.

Esta denominación de *laureada* no es más que la mitificación del nombre de la Cruz de San Fernando, que a partir de 1920 sería siempre laureada. Veremos también que la concesión de estas cruces a militares extranjeros se hizo no sólo en la Guerra Civil, sino en varias de las anteriores campañas o conflictos, en ocasiones con demasiada generosidad.

Pero no adelantemos acontecimientos. Es necesario hacer un repaso sobre esta Orden para comprender su situación y por qué se extendió su concesión a los extranjeros por acciones que tuvieron lugar entre 1936 y 1939. También haremos algunos comentarios de la creación y evolución de la Medalla Militar, así como expondremos la legislación más relevante de ambas recompensas en el periodo de la Segunda República y durante la Guerra Civil.

Guerra de la Independencia. Creación de la Orden de San Fernando

Exceptuando la Orden Militar de España, después Orden Real de España, creada en 1808 por José Bonaparte, con un corto recorrido[1], podríamos considerar la Orden Nacional de San Fernando, creada en 1811, como la primera orden de mérito, ya que servía para premiar las acciones distinguidas ejecutadas por cualquier militar, sin distinción, desde el soldado hasta el general, sin necesidad de acreditar nobleza de sangre.

Escudo de distinción del Ejército asturiano.

La Orden nace en el contexto de una guerra de liberación contra un ocupante extranjero, los ejércitos napoleónicos que pasearon sus banderas victoriosas por todos los campos de batalla del continente europeo y que, ocuparon, salvo algunas porciones, la mayoría del territorio peninsular.

Y fue en una de las ciudades que resistieron, la de Cádiz, que se mostró irreductible tras más de dos años de cerco por parte de las tropas francesas, donde se inició la historia de una nueva condecoración dedicada a premiar las acciones distinguidas. Contra ellos se convirtió en la más alta de las condecoraciones militares de España, una de las más difíciles de obtener, si no la que más –si se atiende a su reglamento–, de entre las de todo el mundo: la Real y Militar Orden de San Fernando.

En los tres primeros años de guerra, distintos hechos de armas provocaron la creación de diferentes condecoraciones. En aquel momento se habían instituido ya 16 cruces y medallas y múltiples escudos de distinción, precisamente para distinguir a los integrantes de las distintas unidades que a lo largo de la geografía nacional estaban luchando contra el invasor.

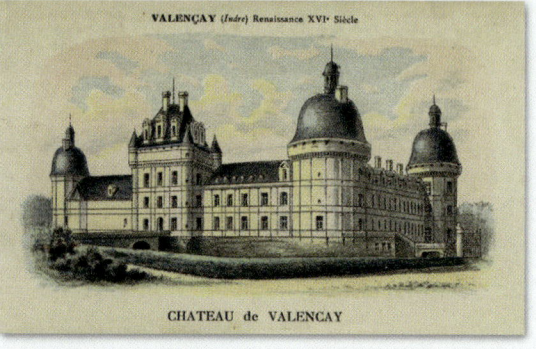

Castillo de Valençay, donde estuvo retenido Fernando VII y su familia.

En justicia hemos de retroceder al verano de 1809, cuando se trató el asunto de la creación de una *Orden Militar de Fernando 7º*, cuestión que quedará en suspenso, no siendo ya hasta el 27 de noviembre 1810, en la isla de León, ante las Cortes Generales que gobernaban el país en nombre del rey Fernando VII que con su

---

1.- La Orden no fue abolida expresamente por Fernando VII, pero debe entenderse que dejó de usarse a partir de su regreso a España. En Francia, el rey Luis XVIII prohibió definitivamente su uso por Ordenanza de 19 de julio de 1814.

familia permanecía preso en Valençay. El diputado Pedro José de Contreras presentó una memoria sobre como instituir recompensas, al mismo tiempo que el también diputado, Gabriel de Ayesa, presentaba un proyecto con el mismo objetivo que dio lugar a la propuesta de creación de la *Orden de la Patria*.

PRIMER REGLAMENTO. 31 DE AGOSTO DE 1811
ORDEN NACIONAL DE SAN FERNANDO

POR EL PRIMER HECHO DISTINGUIDO (SIN ORLA)

CRUZ DE PLATA
suboficiales y tropa

CRUZ DE ORO
jefes, oficiales y alumnos

GRAN CRUZ
generales

GRAN CRUZ
generales en jefe

POR EL SEGUNDO HECHO DISTINGUIDO (CON ORLA)

CRUZ DE PLATA
suboficiales y tropa

CRUZ DE ORO
jefes, oficiales y alumnos

Los hechos bélicos que estaban sucediendo, entre ellos el sitio de Cádiz, provocaron que el asunto quedara pendiente. Será ya en enero de 1811, cuando se retome la labor de creación de la nueva orden con dos claros objetivos: por una parte, disponer de una única condecoración de muy alto prestigio para premiar hechos distinguidos y heroicos, y por otra, intentar poner fin a la proliferación de cruces, medallas y escudos de distinción. No obstante, este último objetivo no se va a cumplir ya que después de la guerra se van a aprobar más de sesenta medallas y cruces.

Se suceden varias propuestas, siendo la primera en la que aparece el nombre que hasta hoy ostenta la Orden, presentada a las Cortes por Ramón Parques el 25 de enero de 1811 y que la titula como de *San Fernando*, si bien no se trató al no estar en el diario de la sesión. Curiosamente, tan solo un par de días después se acepta el proyecto de la nueva orden que es nombrada como *La Espada de San Fernando*, presentado por Luis de Velasco y Camberos, diputado por el Virreinato de Buenos Aires y teniente coronel de Infantería, que será trasladada para ser tratada a la Comisión de Premios.

El 31 de agosto de 1811 se crea la llamada *Orden Nacional de San Fernando*, mediante Decreto número LXXXVIII de las Cortes, en el que sería su primer reglamento, que establece que las cruces fueran de plata y de oro, y posteriormente se desarrolla el que nos parece un complejo sistema de concesiones de las diferentes clases y pensiones en función del número de acciones distinguidas y el empleo del premiado. Además, para algunas de ellas se requiere, información sumaria o un juicio contradictorio. Las insignias son las mostradas en la imagen de la página anterior.

Para todas las acciones de la Guerra de la Independencia fueron concedidas, entre 1812 y 1840, las siguientes cruces, de las que 85 fueron laureadas y 913 sencillas[2].

	SENCILLAS			LAUREADAS					
	CP	1ª	3ª		CPL	2ª	4ª	5ª		TOTAL
Guerra de la Independencia	38	706	169	**913**	6	25	9	45	**85**	**998**
Del total a extranjeros	—	206	81	**287**	—	1	1	6	**8**	**295**

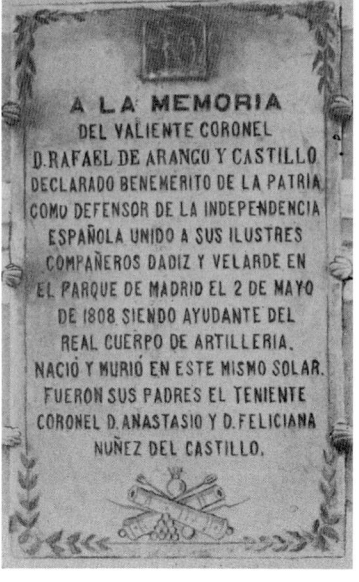

Placa a la memoria del teniente Arango.

El primer título expedido de la Orden Nacional de San Fernando, corresponde a la concesión por Decreto núm. CXLVIII de 11 de abril de 1812, de la Gran Cruz, con el uso de la Banda y orla de Laurel, al capitán general de los Ejércitos Arthur Wellesley (conde de Wellington, duque de Ciudad Rodrigo), «por el importante mérito contraído en la reconquista de la plaza de Badajoz» en abril de 1812. En este caso, como en otros, sin juicio contradictorio.

Conviene indicar que, si bien esta es la primera otorgada, no lo es por el primer hecho de armas, recayendo este honor en el ayudante de Artillería Rafael Arango «por el mérito que contrajo el día 2 de mayo de 1808 peleando con denuedo contra las tropas francesas en el Parque de Artillería de esta plaza [Madrid] a las órdenes e imitación de los héroes Daoiz y Velarde», si bien no le fue otorgada hasta 15 años después, en marzo de 1823.

2.- Todas las tablas son de elaboración propia con datos obtenidos del Centro de Documentación de la Real y Militar Orden de San Fernando donde actualmente se está trabajando con la última fuente de información primaria, que ha resultado similar a un libro registro de concesiones de la Orden. Se trata del registro de la Real Estampilla, que es donde se asentaban los documentos expedidos por la Real Cámara que se suscribían con la Real Estampilla y no con la firma autógrafa del monarca. Se custodia en el Palacio Real de Madrid, en el Archivo General de Palacio (AGP). Por tanto, estos números no son definitivos, pues la referida base de datos está en constante actualización. Cruz de plata (CP), Cruz de primera clase (1ª), Cruz de plata laureada (CPL), Cruz de segunda clase (2ª), Cruz de tercera clase (3ª), Cruz de cuarta clase (4ª), Cruz de quinta clase o Gran Cruz (5ª), Cruz Laureada (CL), Gran Cruz Laureada (GCL).

Y es que en su primer reglamento se indica que la condecoración se otorgará para premiar méritos a partir de la fecha de creación de la Orden, aunque posteriormente se ampliará para recompensar todas las acciones desde el inicio de la Guerra de Independencia.

Como también se hará con cierta frecuencia en la historia de la Orden, se concedieron cruces a militares extranjeros. En este conflicto, principalmente a ingleses y en menor medida a alemanes e italianos, entre otros, aunque el motivo genérico de «servir a las órdenes del duque de Ciudad Rodrigo en la pasada campaña» nos dice poco de los verdaderos méritos que pudieran haber contraído.

Restitución en el trono de Fernando VII

Fernando VII regresa a España el 22 de marzo de 1814, suspendiendo el 4 de mayo las Cortes de Cádiz y por ende todo lo legislado por las mismas, lo que también afecta al Decreto de creación de la Orden Nacional de San Fernando.

El rey, es consciente de que tiene que distinguir a los que han luchado por su causa, consultando al duque de Ciudad Rodrigo quien le aconseja reformar la orden, eliminando el juicio contradictorio y premiando, además, la constancia en el servicio. Esta propuesta no es vista con buenos ojos por el Consejo Supremo de Guerra, que cree que los actos de valor y los de constancia no tienen que ser reconocidos por la misma Orden. De esta forma por Real Cédula de 19 de enero de 1815, se publican los reglamentos de la *Real y Militar Orden de San Hermenegildo*, que quedaría para premiar la constancia, y la renombrada *Real y Militar Orden de San Fernando*.

Este reglamento, el segundo, diferenciaba por primera vez, los servicios militares de algún

Uno de los muchos retratos del rey Fernando VII.

riesgo, que serán reconocidos con cruces sencillas, y las acciones distinguidas en grado heroico, que lo serán con cruces laureadas. Se elimina el juicio contradictorio, para ser otorgada por gracia real, lo que provocará la concesión de cruces de forma arbitraria, una práctica que durará más de cincuenta años, llevando a la Orden a su desprestigio. También se produce un cambio significativo, modificándose el lema del reverso que pasa a ser «El Rey y la Patria» en lugar de «La Patria».

Las concesiones por la primera acción, se harían de la siguiente manera:

• Para premio de los servicios militares de algún riesgo: Gran Cruz Coronada para los generales en jefe y de división; Cruz de oro para el resto de oficiales; Cruz de plata para sargentos, cabos, soldados y tambores.

• Para acciones distinguidas: Gran Cruz coronada con la banda y orla de laurel alrededor; los coroneles, jefes y oficiales, la Cruz de oro laureada; y los sargentos, cabos, soldados y tambores, Cruz de plata laureada.

TERCER REGLAMENTO. 10 DE JULIO DE 1815
ORDEN MILITAR DE SAN FERNANDO

CRUZ DE PRIMERA CLASE
jefes, oficiales y alumnos

CRUZ DE SEGUNDA CLASE
jefes, oficiales y alumnos

CRUZ DE TERCERA CLASE
generales y brigadieres

CRUZ DE CUARTA CLASE
generales y brigadieres

CRUZ DE PRIMERA CLASE
suboficiales y tropa

CRUZ DE SEGUNDA CLASE
suboficiales y tropa

Tan solo seis meses después, y para aclarar las dudas que ofrecía, mediante Real Cédula de 10 de julio de 1815 se publica el tercer reglamento de la *Orden Militar de San Fernando*.

En él se recupera el juicio contradictorio, aunque como se verá no rosas concesiones, y se establece que haya cuatro clases de cruces, dos sencillas, de primera y tercera, y dos laureadas, de segunda y cuarta. Las de primera y segunda clase, de oro o de plata. Además de grandes cruces. Queda claro que las sencillas serían para premiar los servicios militares distinguidos y las laureadas para recompensar los de grado heroico.

Este reglamento quedó anulado durante el Trienio Liberal (1820-1823), como se dispone en el Decreto XXXIX de 9 de junio de 1821, volviéndose al aprobado en las Cortes de Cádiz en 1811 y a su primer nombre de *Orden Nacional de San Fernando*, concediéndose cruces por razones políticas y sin el preceptivo juicio contradictorio. Y será durante este periodo en el que las cruces se convirtieron en pensionadas.

También se determina que los caballeros de primera y segunda clase ostenten una placa en el costado izquierdo, cuyo diseño era

CRUZ DE QUINTA CLASE
generales en jefe

ANVERSO   REVERSO

el de una cruz formada por cuatro espadas unidas por los pomos para los primeros, y la misma cruz rodeada de una corona de laurel, para las segundas, tratándose del diseño más conocido y que ha llegado hasta nuestros días.

Restituido en el trono absolutista el rey Fernando VII, por Real Decreto de 1 de octubre de 1823, suprime lo legislado durante el Trienio Liberal, con ello los nuevos distintivos descritos, quedando en vigor, por tanto, el tercer reglamento de julio de 1815.

Se conceden, o, mejor dicho, Fernando VII entrega 2025 cruces de la Orden, de las que más de la mitad, 1068, son laureadas y 957 sencillas, en su mayor parte a los militares galos enviados por Luis XVIII, rey de Francia, bajo el mando del duque de Angulema: los conocidos popularmente como los «cien mil hijos de San Luis», una gran parte de los cuales pocos años antes habían estado en España como fuerzas de ocupación bajo las banderas de Napoleón Bonaparte.

	SENCILLAS			LAUREADAS					TOTAL
	CP	1ª	3ª	CPL	2ª	4ª	5ª		TOTAL
Guerra Constitucionalista	94	820	43	**957**	13	907	98	50	**1068**	2025
Del total a franceses	43	604	34	**681**	—	848	91	38	**977**	1658

Se concedieron a los militares franceses cruces laureadas sin juicio contradictorio, y podríamos aventurar que, sin mérito alguno, ya que no se produjeron combates dignos de dicho nombre que los hiciera mínimamente acreedores de lucir una condecoración al valor distinguido o heroico. En las Reales Cédulas, los documentos de concesión, constan méritos como el: «contraído durante su permanencia en España» y unas pocas por el «contraído acompañando a los Reyes desde el Puerto de Santa María a Madrid». En las grandes cruces encontramos también otros méritos como el «heroico y distinguido contraído consiguiendo la reposición al trono de Fernando VII». ¡Que paradoja!, se les entregaba a los militares galos sin mérito alguno la máxima condecoración militar española que había sido creada un decenio antes para distinguir, precisamente, a los soldados que los expulsaron del suelo nacional.

En cambio, el monarca escatimó las concesiones a los militares españoles, siendo estas menos de una quinta parte del total.

Estas cifras absolutas doblan las otorgadas durante la Guerra de la Independencia, y multiplican por cuatro las que se concedieron durante las guerras de emancipación americana, en las que, en el periodo de 32 años de cruentas campañas, desde 1809 a 1841, se concedieron un total de 448 cruces de todas las clases.

	SENCILLAS			LAUREADAS					Total
	CP	1ª	3ª	CPL	2ª	4ª	5ª		
Independencia de Hispanoamérica	13	193	9	**215** 140	67	9	17	**233**	**448**

Este reglamento, mantuvo las cinco clases de cruces numeradas, pudiendo ser oro o de plata las de primera y segunda, como se ha visto en las dos páginas anteriores.

A lo largo de más de cincuenta años del siglo XIX, los que van de 1820 a 1875, se van a conceder unas 3458 cruces, si bien la gran mayoría fueron sencillas. Se han agrupado como sucesos políticos los numerosos acontecimientos, pronunciamientos, asonadas, rebeliones, muchos de ellos ligados a cambios de gobierno, así como guerras cantonales, todas ellas en España. No están reflejadas en estos totales, un número superior a 12 000 cruces concedidas a los miembros de la Milicia Nacional de Madrid por los sucesos de julio de 1843 en la capital, que contribuyeron al fin de la regencia del general Espartero[3]. La acción más destacada, en la que los milicianos no participaron, fue la del 22 de julio en Torrejón de Ardoz, aunque en realidad fue una refriega de un cuarto de hora en la que hubo dos muertos y veinte heridos.

	SENCILLAS			LAUREADAS				TOTAL
	CP	1ª	3ª		2ª	4ª	5ª	
Sucesos políticos (1820-1875)	757	2547	65	**3369**	50	10	29	**89** **3458**

3.- Real Orden de 6 de septiembre de 1854 (*Gaceta de Madrid* núm. 614, del 7). La Reina manda «que se lleve á efecto la concesión de la cruz de San Fernando de primera clase, hecha por el Regente del reino en virtud de propuesta del Capitán general de Castilla la Nueva á los Milicianos nacionales de Madrid, y según sus respectivas clases, que se hallaron sobre las armas desde el 11 al 23 de Julio de 1843, ambos inclusive».

Regencia de Mª Cristina de Borbón y reinado de Isabel II

Fallecido Fernando VII en 1833, María Cristina, reina regente, intentó reformar el reglamento para devolver el prestigio a la Orden, procediendo a regular los juicios contradictorios, aunque no consiguió lo que pretendía, puesto que, en 1837, se determinó que la segunda recompensa por acción de guerra fuera la cruz de primera clase de la Orden de San Fernando, después de concedido el grado inmediato al empleo efectivo.

Se trata de un reinado con múltiples conflictos, entre ellos la primera guerra carlista, en el que tanto los isabelinos como los carlistas otorgaron cruces de la Orden. No hay mas que ver el elevado número de cruces sencillas concedidas en este conflicto para comprobar los efectos de la disposición citada de 1837, que desde luego no contribuyó a mejorar la situación de la Orden.

Cuando falleció Fernando VII, su única hija era menor de edad y por tanto actuaría como regente su viuda, la reina María Cristina.

Las acciones y batallas durante los ocho años de guerra, entre 1833 y 1840, de enfrentamiento fratricida entre españoles fueron muy cruentas, sin cuartel y con múltiples actos de valor, que justificarían por sí mismo la concesión de cruces de la Orden de San Fernando, y que seguramente, una parte de ellas lo serían previo juicio contradictorio, pero la realidad es que en muchos casos se otorgaron sin esta formalidad.

Primera guerra carlista	SENCILLAS				LAUREADAS				TOTAL
	CP	1ª	3ª		CPL	2ª	4ª	5ª	
Isabelinas	1685	6114	151	7950	7	169	27	39	242	8192
Carlistas	2	604	20	626	—	24	8	12	44	670
	1687	6718	171	8576	7	193	35	51	286	8862
Del total a extranjeros	101	545	20	666	—	31	1	5	37	703

Se concedieron no menos de 8862 cruces de todas las clases, incluidas las de los carlistas, tanto si se adhirieron al Convenio de Vergara[4], como si no lo hicieron.

4.- El artículo segundo de este convenio reconocía «los empleos, grados y condecoraciones de los generales, jefes y oficiales y demás individuos dependientes del ejército del mando del general D. Rafael Maroto», con la condición de defender la Constitución de 1837, el trono de Isabel II y la regencia de su madre.

Este tratado firmado en Oñate el 31 de agosto de 1839, ponía fin al conflicto en el norte de España, si bien continuaría en la zona de Cataluña y Levante.

En este total se encuentran las otorgadas a los combatientes de las diversas unidades extranjeras del ejército isabelino (Legión auxiliar británica, Legión auxiliar francesa, División auxiliar portuguesa y Cazadores de Oporto), así como las de algunos oficiales que lo hicieron en el ejército carlista, que en su conjunto suponen algo menos del 8% de las efectuadas. Se da el caso, por ejemplo, de concesiones de cruces de primera clase a oficiales españoles por parte del teniente general Lacy Evans que mandaba la Legión auxiliar británica.

En 1835, mediante Real Decreto de 20 de octubre, se restablece el uso de las placas con las espadas rojas para acompañar las veneras de primera clase, y con espadas y corona de laurel para las de segunda.

Si una unidad ejecutaba alguna acción distinguida, podía obtener como premio el llevar en sus banderas una corbata del color de la cinta de la misma Orden. Las dos primeras que se concedieron fueron al Batallón de Guías y al Batallón de la Lealtad, en 1824, por las acciones heroicas en la salida de Cádiz contra los rebeldes el 24 de enero y el 10 de marzo de 1820. Pero sería a partir de 1835 cuando se generalizó la entrega de las corbatas

Reglamento de 1856. Cruz de 5ª Clase, más tarde Gran Cruz Laureada. Modelo de cruces para los uniformes de diario de las distintas cruces.

CONCESIONES DE CRUCES DE LA ORDEN (1843-1852)

— En las islas Filipinas contra los piratas musulmanes de la isla de Palawan y el archipiélago de Joló entre 1843 y 1852.

— Por la expedición a Portugal en 1847 para afianzar en el trono a la Reina María II y calmar el país después del levantamiento de los liberales del bloque vintista.

— Entre septiembre de 1846 y mayo de 1849 tuvo lugar, principalmente en Cataluña, la Segunda Guerra Carlista, o Guerra dels Matiners.

— Acciones en el periodo 1848-1849 en la frontera de Melilla e islas Chafarinas.

— El 18 de febrero de 1849, tras la declaración de la República romana, España envió a los Estados Pontificios un Cuerpo expedicionario que, junto a tropas francesas, consiguieron reponer al Papa en el Solio Pontificio. De las 28 cruces concedidas, diez fueron para extranjeros (italianos y suizos).

— El 19 de mayo de 1850 algunos exiliados cubanos desembarcaron en el pueblo de Cárdenas, lo que podría considerarse como el primer intento de emancipación de Cuba.

obtenidas por las unidades en acciones de la Primera Guerra Carlista, por ejemplo, al Regimiento del Infante, ganada por la acción de Villarreal y de las alturas de Arlabán los días 16 y 17 de enero de 1836.

La Real Orden de 1 de agosto de 1847, suspendió las permutas, que permitían cambiar cuatro cruces de primera o tercera clase por una de las de segunda o cuarta.

CAMPAÑAS	SENCILLAS				LAUREADAS					TOTAL
	CP	1ª	3ª		CPL	2ª	4ª	5ª		
Filipinas (1843-1852)	7	80	—	87	—	2	—	2	4	91
Portugal (1847)	10	144	17	171	—	—	—	2	2	173
Segunda guerra carlista (1847-1849)	20	925	15	960	—	8	1	—	9	969
Melilla (1848-1849)	1	16	—	17	—	—	—	—	—	17
Estados Pontificios (1849-1850)	—	20	7	27	—	—	—	1	1	28
Cuba (1850-1851)	85	14	—	99	—	1	—	1	2	101
Crimea (1853-1856)	—	21	—	21	—	—	—	—	—	21

MODIFICACIÓN DE 14 DE JULIO DE 1856
ORDEN MILITAR DE SAN FERNANDO

CRUZ DE PRIMERA CLASE
jefes, oficiales y alumnos

CRUZ DE SEGUNDA CLASE
jefes, oficiales y alumnos

CRUZ DE PRIMERA CLASE
suboficiales y tropa

CRUZ DE SEGUNDA CLASE
suboficiales y tropa

CRUZ DE TERCERA CLASE
generales y brigadieres

CRUZ DE CUARTA CLASE
generales y brigadieres

Otro ejemplo de la falta de rigurosidad es la concesión a diecisiete militares franceses y uno italiano de cruces de primera clase, del total de las 21 que se hicieron entre 1856 y 1857, por el mérito contraído al frente de la plaza de Sebastopol durante la campaña de 1855 en la guerra de Crimea. Un conflicto en el que España no intervino, más allá del envío de observadores, entre ellos el laureado mariscal de campo Juan Prim y Prats, conde de Reus, que sería nombrado jefe de una comisión militar que debía viajar a Turquía para «asistir a las operaciones si llegasen a romperse las hostilidades entre turcos y rusos». Entendemos, por tanto, que estas concesiones son completamente atípicas.

Con objeto de intentar restaurar el prestigio de la Orden y que las concesiones se hicieran siempre según lo establecido en el reglamento, se aprobaron diversas disposiciones entre julio y agosto de 1856 a instancias del general O'Donnell, presidente del Consejo de Ministros, que establecieron las condiciones para optar al uso de los distintivos adoptados para las cruces de primera y segunda clase que se muestran en la página anterior. Entre otras, haberla obtenido antes del 1 de enero de 1820, o como recompensa de hechos de armas –no por servicios de otra especie– expresados en la real cédula, en conmutación de un doble o grado o empleo, siempre que uno de ellos fuera por acción de guerra, y caso de campañas siempre que se justificara haber concurrido a dos hechos de armas. Los paisanos quedaron excluidos de esta posibilidad.

Curiosamente al propio general O'Donnell le había sido concedida, sin juicio contradictorio, una Cruz de segunda clase Laureada, siendo capitán de la Compañía de Granaderos de la Guardia Real, por el mérito contraído en la acción de Erice el 18 de junio de 1834, en el marco de la primera guerra carlista.

La reforma indicada contribuyó a devolver a la Orden su prestigio, como se puede observar en las concesiones correspondientes a la Guerra de África de 1859-1860 que suman 2437, si bien tan solo una fue de segunda clase, la destinada a reconocer acciones heroicas. A este total habría que añadir 138 cruces obtenidas por permutas de grados u otras recompensas en esta campaña.

General Prim, jefe de la División de Reserva del Ejército de África, en la Guerra de 1859-1860.

De todas ellas, se concedieron cuatro cruces de plata y quince de primera clase, principalmente a los extranjeros agregados en

CAMPAÑAS y PERMUTAS	SENCILLAS				LAUREADAS			
	CP	1ª	3ª		2ª	4ª	5ª	Total
Cochinchina (1858-1863)	11	116	—	127	—	—	—	—	127
Guerra de África (1859-1860)	560	1752	32	2344	1	—	2	3	2347
Santo Domingo (1863-1865)	—	4	—	4	—	—	—	—	4
Permutas	57	271	6	334	20	3	—	23	357

General Leopoldo O´Donnell. Fue presidente del Consejo de Ministros. También había sido recompensado con una Cruz de 2ª Clase Laureada.

La reina de España, Isabel II.

comisión al Cuartel General del Ejército de África, si bien es cierto que en este caso parece que los méritos si estaban justificados, ya que participaron en 1860 en los combates del 4 de febrero en los llanos de Tetuán, el 11 de marzo en las alturas de Samsa o el 23 de marzo en Wad Ras[5].

Dentro de estas campañas o intervenciones de prestigio se encuentra también la expedición a Cochinchina, entre 1858 y 1863, para castigar la persecución religiosa a la que eran sometidos los cristianos, con el asesinato de sacerdotes españoles. Se concedieron un total de 127 cruces, 75 de ellas para miembros de la Escuadra y Ejército francés.

Fruto de las disposiciones anteriores será la reforma los estatutos de la Real y Militar Orden de San Fernando, que constituye el cuarto reglamento, sancionado por la reina Isabel II mediante la Ley de 18 de mayo de 1862. Se mantienen las cinco clases del reglamento de 1815. También el juicio contradictorio para las de primera, segunda, tercera y cuarta clase.

Para terminar con los diferentes conflictos en los que se otorgaron cruces de la Real y Militar Orden de San Fernando durante el reinado de Isabel II tenemos que citar la ocupación española de Santo Domingo, que, tras 17 años de independencia, pidió reincorporarse a España en 1861, si bien, se abandonará de nuevo la isla por decisión política el 15 de julio de 1865.

Como hemos visto, para la tropa y sus clases existía la categoría de Cruz de plata, que es la equivalente de la Cruz de primera clase de los oficiales. Queremos hacer constar que en las concesiones este criterio parece que ha sido algo flexible, pues existen concesiones de cruces o caballeros de primera clase, indistintamente de los empleos y a renglón seguido, para empleos de tropa, especificar que son de plata.

5.- Participaron varios oficiales austriacos, prusianos, sardos y portugueses. A todos los extranjeros también les fue concedida la Medalla conmemorativa de la campaña de África creada al final de las operaciones.

Gobierno provisional, reinado de Amadeo I, Primera República, restauración y reinado de Alfonso XII

Durante los reinados de Amadeo I (16 de noviembre de 1870 a 11 de febrero de 1873) y de Alfonso XII (29 de diciembre de 1874 a 25 de noviembre de 1885), así como en el periodo conocido como Gobierno Provisional (8 de octubre de 1868 a 2 de enero de 1871) o el de la Primera República (11 de febrero de 1873 a 29 de diciembre de 1874) no se promovió ningún cambio en el reglamento.

En los días posteriores a la abdicación de Isabel II se inició la Guerra de los diez años o Guerra Grande de Cuba, en la que se concedieron 63 cruces de la Orden.

En abril de 1872, durante el reinado de Amadeo I, se produjo un nuevo levantamiento carlista, principalmente en Cataluña y Vascongadas, que se prolongará durante casi cuatro años, dando lugar a la concesión de las cruces cuyo detalle puede verse en la tabla.

Arriba, derecha. Amadeo I, rey de España.

Centro, izquierda. Alfonso XII, el hijo de Isabel II, el monarca de la restauración borbónica.

Página siguiente. La reina regente, María Cristina de Habsburgo junto a su hijo, el heredero al trono, Alfonso XIII, vestido con uniforme militar.

CAMPAÑAS	SENCILLAS			LAUREADAS				Total
	1ª	3ª		2ª	4ª	5ª		
Guerra grande de Cuba (1868-1878)	18	—	18	45	—	—	45	63
Tercera guerra carlista (1872-1876)	27	5	32	25	1	11	37	69
De las anteriores guerras carlistas	7	—	7	3	—	5	8	15

Regencia de la María Cristina de Habsburgo-Lorena y reinado de Alfonso XIII

Durante la minoría de edad del futuro rey Alfonso XIII, tienen lugar varios conflictos, entre ellos uno de los que dejó más huella en la sociedad española, la conocida como la guerra de Cuba que significó la pérdida de los últimos territorios de Ultramar, Cuba, Puerto Rico, Filipinas, Guam…

Nuevos conflictos que dan lugar a la concesión de cruces de la Orden ocurrirían en las islas Filipinas, donde la insurrección está activa desde 1887 y la entrada en la guerra de los Estados Unidos significó su pérdida. O en la guerra pequeña de Cuba (1895-1898). En Marruecos, unas obras para la construcción de un fortín para el perímetro de Melilla provocaron una insurrección de las cabilas cercanas que desembocó en una pequeña guerra en 1893.

	SENCILLAS			LAUREADAS				
CAMPAÑAS	1ª	3ª		2ª	4ª	5ª		Total
Filipinas (1887-1898)	28	—	28	42	—	2	44	72
Melilla (1893-1894)	2	1	3	—	—	—	—	3
Guerra pequeña de Cuba (1895-1898)	44	2	46	31	2	—	33	79

A continuación se muestran nuevos grupos, donde pueden encontrarse aquellas concesiones no reseñadas anteriormente, por ejemplo, la de *otras operaciones nacionales*, que incluye la captura de contrabandistas y forajidos y la de *otras*, verdadero cajón de sastre donde se incluyen todas de las que aún no ha sido posible determinar la acción o los motivos que dieron lugar a su otorgamiento.

	SENCILLAS				LAUREADAS					
OPERACIONES y VARIOS	CP	1ª	3ª		CPL	2ª	4ª	5ª		Total
Otras	38	1334	19	1391	—	3	2	29	34	1425
Accidentes e incendios	—	25	—	25	—	1	—	—	1	26
Otras operaciones nacionales	35	97	1	133	1	3	—	—	4	137
Resto de operaciones en Ultramar	13	44	1	58	—	10	2	—	12	70
Soberanos y real agrado	—	—	—	—	—	—	—	18	18	18

De nuevo se luchará entre 1909 y 1927, en distintas partes del protectorado de Marruecos, con acciones destacadas como la retirada de Annual o el desembarco de Alhucemas. Estas campañas las podemos separar en dos etapas en lo que se refiere a la Orden, ya que a partir de 1920 esta va sufrir el cambio más relevante de su existencia, que alterará, sustancialmente la trayectoria de la misma.

Y es que en julio de 1920 se aprueba el quinto reglamento de la Orden, que viene condicionado por la Ley de Bases de junio de 1918. A partir de ese momento la Real y Militar Orden de San Fernando se destinará, exclusivamente, a reconocer las acciones heroicas, desapareciendo, por tanto, la dualidad que significaba estar integrada por dos clases de caballeros, los laureados, receptores de las cruces de segunda y cuarta clase y la cruz de plata laureada, y por los que hubieran obtenido las cruces de primera y tercera clase, así como la cruz de plata sencilla, que pasarán a premiarse a partir de ese momento con la Medalla Militar, condecoración recién instituida en la citada Ley de Bases, que tratamos más en detalle posteriormente.

El general Sanjurjo luciendo una Cruz Laureada de 2ª Clase (obtenida cuando era comandante en 1912). En 1927 fue premiado con una Gran Cruz Laureada de San Fernando. Ambas se pueden apreciar en esta fotografía, junto a otras condecoraciones.

Hasta la aprobación del nuevo reglamento, en Marruecos se concedieron 21 cruces sencillas y 52 laureadas, además de una de quinta clase. A ellas habría que añadir, aplicando los criterios del nuevo reglamento, 97 cruces laureadas y dos grandes cruces laureadas, éstas últimas a los generales Miguel Primo de Rivera Orbaneja y José Sanjurjo Sacanell.

Las cruces para reconocer las acciones heroicas serán a partir de ese momento iguales para todas las clases, de soldado a general, unificando el diseño en el utilizado hasta ese momento para «diario», la cruz de las cuatro espadas con hoja roja sobre una corona de laurel, la Laureada.

CAMPAÑAS y VARIOS	SENCILLAS		LAUREADAS					Total
	1ª		2ª	5ª	CL	GCL		
Marruecos (1909-1927)	21	21	52	1	97	2	152	173
Accidentes e incendios	—	—	—	—	1	—	1	1

Subsiste, tan solo la Gran Cruz con banda o de quinta clase, nombrada desde ese momento como Gran Cruz Laureada, para distinguir a los generales en jefe. Como novedad, en el artículo 81, se dispone, como distintivo personal para todas las clases que ganaron para su unidad una laureada colectiva, una corona de laurel bordada en seda con la fecha de la acción en rojo, que se llevaría en el antebrazo de la manga izquierda del uniforme.

Momento en el que el rey Juan Carlos I impone la corbata de la Laureada colectiva al estandarte del Regimiento de Caballería Acorazado «Alcántara» nº 10.

Precisamente una Laureada colectiva ganada en Marruecos es la última que se ha concedido hasta el momento … aunque fue en el año 2012, al Regimiento de Cazadores de Alcántara, 14 de Caballería, por las cargas realizadas en la protección de las tropas, en desbandada, después de la caída del campamento de Annual, el día 23 de julio de 1921. Se ha tardado 91 años en reconocer el valor heroico y el sacrificio personal por parte de los 691 hombres del regimiento, de los que tan solo 67 vieron finalizar ese día. La corbata se ostenta actualmente en el estandarte del Regimiento de Caballería Acorazado «Alcántara» nº 10.

En noviembre de 1925, se aprobó con carácter provisional el que sería el sexto reglamento de la Orden, que mantuvo las tres clases de cruces: la Gran Cruz Laureada, la Cruz Laureada y la Cruz Laureada colectiva[6]. En el mismo se indicaba que los condecorados con las cruces de primera y tercera clase usaran como distintivo la Cruz Laureada, pareciendo un contrasentido, ya que pasaron de lucir una cruz destinada a reconocer el valor distinguido, a la destinada al valor heroico. Este cambio en las insignias supuso también un importante número de peticiones de que las cuantías de las pensiones de las cruces sencillas, pasaran a ser como las laureadas, considerablemente mayores.

El general Primo de Rivera lucía en su uniforme de diario la Cruz de San Fernando de 1ª Clase, obtenida siendo oficial en la Guerra de Margallo (1894), en África. En 1927, el rey le concedería la Gran Cruz Laureada de San Fernando.

6.- Real Decreto de 26 de noviembre de 1925 (*Gaceta de Madrid* núm. 336, del 2 de diciembre). Aprobando con carácter provisional el Reglamento, que se inserta, de la Real y Militar Orden de San Fernando.

La Segunda República

Ampliaremos las circunstancias particulares y la legislación aplicable de este periodo en un epígrafe posterior. Los cambios legislativos, sin pretenderlo, corrigieron la incongruencia de que se ostentara la cruz laureada por las cruces de primera y tercera clase. También se cambió el lema del reverso de la venera, que a partir de aquel momento sería «La Patria a sus Heroes», la corona real por la mural y los bordes exteriores de la cinta y la banda que pasan a ser de color morado[7].

Por los sucesos revolucionarios en Asturias y Barcelona del año 1934 se concederá una Cruz Laureada y dos Grandes Cruces Laureadas, estas últimas a los generales Eduardo López de Ochoa Portuondo y Domingo Batet Mestres. Sus decretos de concesión se hicieron a propuesta del jefe de Gobierno, e iban firmados por Niceto Alcalá-Zamora y refrendados por el presidente del Consejo de Ministros y ministro de la Guerra, Alejandro Lerroux[8].

Guerra Civil y posguerra

Durante la Guerra Civil el bando gubernamental no suprimió la Orden, aunque dejó de concederla para crear, en marzo de 1937, la Placa Laureada de Madrid para las acciones de carácter heroico, así como la Medalla de la Libertad para hechos distinguidos.

Por su parte el bando nacional mantuvo la Orden sin modificaciones importantes, siendo de aplicación el quinto reglamento, el aprobado en 1920. Si bien la actuación durante el periodo inicial de la contienda y hasta que a principios de 1937 se determinaron las condecoraciones que podían ser otorgadas en campaña, la Orden estuvo en una situación interina. Los detalles también los veremos en un epígrafe aparte, especialmente lo que concierne a las concesiones a los extranjeros.

Los generales López Ochoa y Batet fueron condecorados con la Gran Cruz Laureada de San Fernando por su participación en la insurrección de Asturias y Cataluña en 1934. Como se puede observar en las fotos, ambos llevaban sobre el uniforme de diario la insignia de la Cruz Laureada con las cuatro espadas, como estaba contemplado en el reglamento de 1856, y no la placa de la Gran Cruz. Esto mismo haría Franco, posteriormente.

7.- Orden Circular de 19 de noviembre de 1931 (*DO* núm. 261). Modificando los diseños de diferentes condecoraciones militares.

8.- Conviene señalar que no parece existir un nombramiento explícito de los que no fueran reyes –regentes, presidentes, jefes de estado– como Soberanos de la Orden. El asunto quedaba resuelto en su momento y en cada época por la vía de los hechos, más que por la aplicación del derecho. Sólo el séptimo reglamento de 1978 contempla que el Soberano de la Orden es el Jefe del Estado, ya que, en los anteriores, excepto el primero, la figura del Jefe y Soberano de la Orden recae en el Rey.

De las cuatro Grandes Cruces Laureadas de San Fernando concedidas en este periodo, la primera de ellas lo fue en septiembre de 1936 a Ahmed Ganmia, gran visir de la zona del Protectorado de Marruecos, por el general jefe de las Fuerzas Militares de Marruecos y confirmada en Diario Oficial con la firma del general Cabanellas, como presidente de la Junta de Defensa Nacional. La segunda al general Emilio Mola Vidal, cuyo decreto de concesión en junio de 1937, va firmado por Francisco Franco como Jefe del Estado y Generalísimo de los Ejércitos nacionales.

Placa Laureada de Madrid perteneciente al general José Miaja.

La concedida en mayo de 1939 al «Capitán General del Ejército y de la Armada, Generalísimo de los Ejércitos de Tierra, Mar y Aire, Excmo. Sr. D. Francisco Franco Bahamonde», se hizo mediante una disposición firmada por Francisco Gómez Jordana y Sousa –aunque no se indica, ministro de Asuntos Exteriores– y refrendada por el ministro de Defensa Nacional, Fidel Dávila Arrondo.

La última de ellas fue la concedida en febrero de 1944, a propuesta del Consejo de Ministros, al general de división Gonzalo Queipo de Llano Sierra, que iba firmada por Franco y refrendada por el Ministro del Ejército, Carlos Asensio Cabanillas.

Además de las cruces otorgadas en la contienda, las últimas concesiones hasta la fecha, se harían por dos conflictos, uno apenas finalizada la campaña, en el frente ruso, y otro a finales de los años cincuenta en los territorios, por aquel entonces españoles, de Ifni y Sahara.

El Generalísimo Francisco Franco Bahamonde fue condecorado con la Gran Cruz Laureada de San Fernando por su victoria en la Guerra Civil. Aquí le vemos en uniforme de diario luciendo la Cruz Laureada. En el de gala, también luciría esta misma condecoración, no utilizando la Gran Cruz que le correspondía.

	CL	GCL	Total
Guerra Civil (1936-1939)	68	4	**72**
Rusia (1941-1943)	8	—	**8**
Ifni y Sahara (1958)	2	—	**2**

La Real y Militar Orden de San Fernando en la actualidad

Hasta el año 1978 no se aprobaría un nuevo reglamento, el séptimo de la Orden, estando todavía en vigor, por tanto, el de 1920[9]. Aunque como hemos indicado, ya no se han producido concesiones por conflictos posteriores, caso del Sahara en 1975 o más recientemente en las operaciones y misiones en el exterior en las que las Fuerzas Armadas españolas han participado o participan, donde se han producido hechos distinguidos que quizás no hayan sido suficientemente valorados, y por tanto reconocidos.

No hay variación en las recompensas, que siguen siendo la Gran Cruz Laureada de San Fernando, la Cruz Laureada de San Fernando y la Laureada colectiva de San Fernando.

El octavo y vigente reglamento se aprobó en el año 2001, incorporando a la Orden, los condecorados con la Medalla Militar. De esta forma, para recompensar el valor heroico se concede la Gran

---

9.- Real Decreto 2091/1978, de 3 de junio (*BOE* núm. 210, correcciones *BOE* núm. 238). Por el que se aprueba el Reglamento de la Real y Militar Orden de San Fernando.

Cruz Laureada, la Cruz Laureada y la Laureada colectiva, y para el valor muy distinguido, la Medalla Militar individual y la Medalla Militar colectiva[10].

En la actualidad todos los pertenecientes a la Orden ya han fallecido, siendo los últimos en hacerlo, en noviembre de 2007, el teniente general (honorífico) Adolfo Esteban Ascensión, Cruz Laureada concedida en 1939 por la defensa de Las Minas (Vizcaya) en 1937, y en septiembre de 2021, el comandante Juan Moncadas Pujol, Medalla Militar individual concedida en 1960, por su actuación en la operación de guerra en Telata de Sbuia (Ifni), el 26 de noviembre de 1957.

Al no existir condecorados a título individual, el recuerdo de la Orden permanece vivo en las unidades depositarias de las concesiones de carácter colectivo.

Cumpliendo lo dispuesto en el artículo 7 de su actual reglamento, el Capítulo de la Orden puede reunirse de forma ordinaria o extraordinaria. Generalmente se celebra, en el Palacio Real de Aranjuez, un acto solemne de homenaje a los fueron caballeros laureados y medallas militares individuales y unidades poseedoras de la condecoración colectiva, presidido por el Rey, como Soberano de la Real y Militar Orden de San Fernando. El último hasta la fecha, el celebrado el 24 de mayo de 2023.

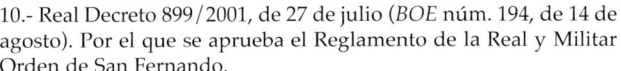

10.- Real Decreto 899/2001, de 27 de julio (*BOE* núm. 194, de 14 de agosto). Por el que se aprueba el Reglamento de la Real y Militar Orden de San Fernando.

La Medalla Militar

Con este nombre se creaba una nueva recompensa por méritos de guerra, con el mismo distintivo, desde soldado a capitán general, en la conocida como Ley de Bases aprobada en 1918[1]. En la práctica ocuparía el lugar de las cruces sencillas de la Real y Militar Orden de San Fernando, las de primera y tercera clase, que habían desaparecido en esta misma disposición.

De esta forma, la Orden Militar de María Cristina, premiaba los méritos extraordinarios, la Medalla Militar, el valor distinguido y la Orden de San Fernando, ahora sólo laureada, el valor heroico.

El Reglamento de Recompensas en tiempo de guerra, aprobado el 10 de marzo de 1920, incluía la Medalla Militar en sus modalidades individual y colectiva. Dos días después, se aprobaba, con carácter provisional, su reglamento donde se indicaba que serviría «como recompensa ejemplar e inmediata de los hechos y servicios muy notorios y distinguidos realizados al frente del enemigo»[2].

Arriba. El general Juan Yagüe Blanco, con el uniforme del nuevo Ejército del Aire, saluda brazo en alto en un acto militar («saludo nacional» se le llamaba durante la guerra y la inmediata postguerra). En su pecho luce una Medalla Militar individual con dos pasadores, que corresponden a las dos concesiones que le fueron hechas.

Página siguiente, arriba. Anverso y reverso de la Medalla Militar individual. Fabricante: Egaña.

Página siguiente, centro. Distintivo bordado de una Medalla Militar colectiva.

1.- Ley de 29 de junio de 1918 (*CLE* núm. 169). Aprobando las bases contenidas en el artículo 1º del real decreto de 7 de marzo último, para la reorganización del Ejército.

2.- Real Decreto de 10 de marzo de 1920 (*Gaceta de Madrid* núm. 74, del 14). Aprobando el reglamento de recompensas en tiempo de guerra para generales, jefes, oficiales y sus asimilados, clases e individuos de tropa del Ejército. Real Orden circular de 12 de marzo de 1920 (*CLE* núm. 87). Aprobando el reglamento de la Medalla Militar, creada por la ley de 29 de junio de 1918.

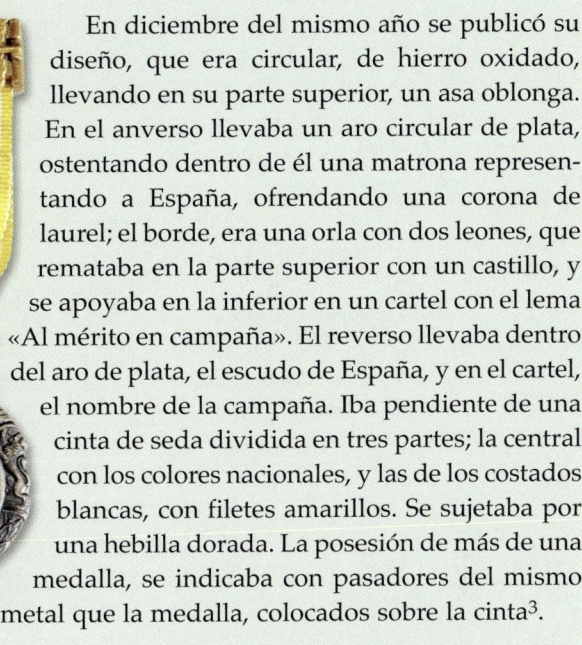

En diciembre del mismo año se publicó su diseño, que era circular, de hierro oxidado, llevando en su parte superior, un asa oblonga. En el anverso llevaba un aro circular de plata, ostentando dentro de él una matrona representando a España, ofrendando una corona de laurel; el borde, era una orla con dos leones, que remataba en la parte superior con un castillo, y se apoyaba en la inferior en un cartel con el lema «Al mérito en campaña». El reverso llevaba dentro del aro de plata, el escudo de España, y en el cartel, el nombre de la campaña. Iba pendiente de una cinta de seda dividida en tres partes; la central con los colores nacionales, y las de los costados blancas, con filetes amarillos. Se sujetaba por una hebilla dorada. La posesión de más de una medalla, se indicaba con pasadores del mismo metal que la medalla, colocados sobre la cinta[3].

El distintivo colectivo se definió en 1922, consistiendo en la orla de hierro oxidado de la medalla, que llevaría en el centro el emblema del cuerpo o unidad, y que se prendería en el antebrazo de la manga izquierda del uniforme. En 1924 se publicaron varias disposiciones para las concedidas con carácter colectivo, que serían aclaradas en 1940 y 1942[4].

En 1923, el Directorio Militar de Primo de Rivera determinó la necesidad de revisar las concesiones de las medallas militares y navales desde su creación, por haberse «otorgado con prodigalidad poco conveniente», debiendo proponerse las que debían anularse o confirmarse[5].

3.- Real Orden circular de 7 de diciembre de 1920 (*CLE* núm. 387). Publicando el modelo de la Medalla Militar, creada por la ley de 29 de junio de 1918.

4.- Real Orden circular de 12 de agosto de 1922 (*CLE* núm. 308). Disponía que los individuos que hubieran tomado parte en los hechos de armas que dieran lugar a concesión en sus cuerpos de la Medalla Militar, ostentaran el distintivo que se indica. Real Orden circular de 27 de marzo de 1924 (*CLE* núm. 145). Resolvía consulta relativa a las formalidades que habían de observarse para la imposición de la Medalla Militar. Orden de 16 de mayo de 1940 (*CLE* núm. 178). Dictaba normas para el uso de la Medalla Militar, en los casos que se concediera, colectiva, a grandes unidades o fuerzas de distintas armas o cuerpos por hechos realizados conjuntamente, y regulando su uso cuando fueran varias las que se poseyeran. Orden comunicada de 6 de agosto 1942.

5.- Real Decreto de 20 de octubre de 1923 (*DOMG* núm. 235, del 23). En la *Galería Militar Contemporánea* se indican al menos 24 concesiones de las que no se ha encontrado la confirmación en boletines ni en documentos oficiales.

De las dos disposiciones referentes a recompensas en tiempo de guerra publicadas en 1925, ambas derogadas en 1931, se deduce que el reglamento en vigor de Medalla Militar sería el aprobado en 1920 y que, a pesar de su carácter provisional, marcaría la pauta de las concesiones hasta abril de 1931, también durante la Segunda República, posteriormente hasta 1942, año en que se aprueba el nuevo Reglamento de Recompensas del Ejército en tiempo de guerra, y finalmente hasta la aprobación de un nuevo reglamento en 1978. Abundando en esta cuestión, una orden de 1937 hace extensivos a las Milicias los preceptos del mencionado reglamento de 1920, que considera vigente en ese momento[6].

Tras la proclamación de la Segunda República en 1931, diversas condecoraciones sufrirían algunas modificaciones, que en el caso de la Medalla Militar individual consistieron en cambiar en el reverso, la corona real por la mural en el escudo de España y suprimir el óvalo de las lises, de igual forma que en la cinta se cambiaría una de las bandas rojas por una de color morado[7].

En 1935 se dispuso la revisión de los hechos que motivaron la concesión de las Medallas Militares en Asturias, así como una estimación de los méritos contraídos en Barcelona con ocasión del movimiento revolucionario, todos estos ocurridos en octubre de 1934. El resultado de dicha revisión fue la publicación adicional de ocho concesiones por los sucesos de Cataluña, y la confirmación de 23 de las 48 otorgadas en Asturias. En total se otorgaron 56 Medallas Militares individuales y dos colectivas, solo confirmada una de ellas[8].

En 1937 se aprobaba una importante disposición, que determinó para el bando nacional, las recompensas que podían concederse por méritos de campaña, a generales, jefes, oficiales y clases de tropa, entendiendo que su importancia o prelación radicaba en el

Una de las dos Medallas Militares de Yagüe le fue concedida durante la II República por su participación en la Revolución de Asturias de 1934. Como se puede observar en la fotografía, aunque sea en blanco y negro, una de las franjas rojas de la bandera de España que atraviesa la cinta, fue modificada, pasando a ser de color morado.

6.- Real Decreto de 16 de marzo de 1925 (*Gaceta de Madrid* núm. 76, del 17). Aprobando bases que se insertan, las cuales habrán de servir de norma para la concesión de recompensas en tiempo de Guerra. Real Decreto de 10 de abril de 1925 (*Gaceta de Madrid* núm. 102, del 12). Aprobando el reglamento, que se inserta, de recompensas, en tiempo de guerra desarrollando las bases del Decreto-ley del 16 de marzo del corriente año. Ambos derogados por Decreto de 21 de julio de 1931 (*Gaceta de Madrid* núm. 204, del 23). Ley de 14 de marzo de 1942 (*CLE* núm. 49). Orden de 7 de mayo de 1937 (*BOE* núm. 202, del 10).

7.- Orden circular de 19 de noviembre de 1931 (*DO* núm. 261). Modificando los diseños de diferentes condecoraciones militares.

8.- Los datos de concesiones han sido proporcionados por el Centro de Documentación de la Real y Militar Orden de San Fernando.

orden en que se citan: ascenso por mérito de guerra, Cruz Laureada de San Fernando, Medalla Militar, Cruz de Guerra (antigua de María Cristina), Cruz Roja de Mérito Militar, Medalla de Sufrimientos por la Patria y Medalla de la Campaña[9]. Disposición que veremos citada repetidamente en este trabajo.

En ausencia de los reglamentos de las citadas recompensas, correspondía «a la Junta Superior del Ejército, proponer al Generalísimo el otorgamiento de cada una de ellas». Para la Cruz Laureada de San Fernando se indica que sería «la única que conserve las categorías, derechos, pensiones y prerrogativas actuales, se otorgará mediante juicio contradictorio, en procedimiento de carácter sumarísimo» y para la Medalla Militar que «se otorgará para premiar los hechos previstos en su actual Reglamento». Y por primera vez, ya que hasta aquél momento era de carácter honorífico, y solo para el personal de tropa, se estableció para la Medalla Militar una pensión mensual a percibir durante su permanencia en filas, o vitalicia si causara baja en ellas por inutilidad física contraída en el hecho que motivó la concesión.

Como ya hemos comentado, en este periodo el modelo de la medalla sería el modificado por la República en 1931, por lo que en 1938 se dispuso que en su reverso figurase el nuevo escudo de España. Aunque no se indicaba nada de los colores de la cinta, se sobrentendía que eran los usados en la bandera bicolor restablecida en 1938[10].

En 1940 se puntualizaban las características del distintivo colectivo a llevar en el antebrazo y el de las banderas y estandartes[11].

9.- Decreto 192/1937, de 26 de enero (*BOE* núm. 99, del 27). Determinaba las recompensas que, por méritos de campaña, podían ser otorgadas.

10.- Orden de 5 de mayo de 1938 (*BOE* núm. 562, del 6). La descripción se hizo por decreto de 2 de febrero de 1938 (*BOE* núm. 470), constituyéndose con la heráldica de los Reyes Católicos. Cuartelado. El primero y cuarto, cuartelados también: primero y cuarto de gules, con un castillo de oro almenado con tres almenas, con tres homenajes o torres con tres almenas cada uno, mamposteado de sable y aclarado de azur; segundo y tercero, de plata, con un león rampante de gules coronado de oro, linguado y armado de lo mismo. Segundo y tercero, partidos en pal: el primero, de oro, con cuatro palos de gules; el segundo, de gules, con una cadena de oro, de la cual arrancan ocho segmentos que se reúnen en el centro en una joya, centrada por una esmeralda. Entado en punta, de plata, una granada en su color rajada de gules y tallada y hojada con dos hojas de sinople. Coronel de ocho florones (visibles cinco). El todo sobre el águila de San Juan, pasmada, de sable, nimbada de oro, con el pico y las garras de gules; éstas armadas de oro. A la derecha de la cola del águila, un yugo de gules, con sus cintas de lo mismo, y a la izquierda un haz de flechas, de gules con sus cintas de lo mismo. En la divisa las palabras UNA, GRANDE, LIBRE. El todo flanqueado por dos columnas de plata, sobre ondas de azur, surmontada por coronas de oro. En la del lado derecho se enrosca una cinta con la palabra PLVS; en la del lado izquierdo, otra con la palabra ULTRA.

11.- Orden de 16 de mayo de 1940 (*CLE* núm. 178). Dictando normas para el uso de la Medalla Militar, en los casos que se conceda, colectiva, a grandes unidades

De esta forma las medallas militares colectivas concedidas a las grandes unidades debían llevar bordado en el centro de la orla y sobre fondo rojo, el distintivo de la gran unidad. Si no lo tuviera, sobre fondo negro, se bordaría el número o su denominación. Para las guarniciones de plazas, columnas o agrupaciones de fuerzas de distintas armas y cuerpos, que no constituyeran gran unidad, llevarían bordado en negro, sobre fondo rojo y en el centro de la orla, el nombre de la acción.

Tampoco podía ostentarse más que una insignia colectiva, marcando la posesión de otras con una barra de oro de cuatro centímetros de longitud por cada medalla adicional bordada en el brazo de la manga del uniforme debajo de la insignia y separada de ella y entre sí.

Para los cuerpos que tuvieran bandera o estandarte, se ostentaría en una cinta en forma de corbata, de ocho centímetros de anchura, de la clase y color de la individual y además de dos caídas de 50 centímetros de longitud, terminadas en fleco de oro, llevando bordada en una de ellas y próximo al fleco, la insignia. Se llevarían tantas corbatas como veces les hubiera sido concedida.

Franco había sido condecorado antes de la guerra con dos Medallas Militares individuales y una colectiva.

Anotamos como última disposición de interés para este trabajo el Reglamento de Recompensas del Ejército en tiempo de guerra de 1942 que nos indica que «servirá como recompensa ejemplar e inmediata, para premiar hechos o servicios de valor muy distinguidos, realizados por individuos del Ejército o unidades orgánicas del mismo, al frente del enemigo». Añadiendo además que podría ser individual o colectiva y que fuera pensionada, de forma vitalicia, para todo el personal[12].

Para finalizar queremos indicar que esta medalla se mantendrá como una condecoración independiente hasta el año 2001, cuando en el octavo reglamento, se incorpora a la Orden de San Fernando, manteniendo eso sí, su diseño. Algunos estudiosos creen que se perdió una magnífica oportunidad para haberlo modificado volviendo, por ejemplo, al de la cruz de primera clase, o sencilla, más ajustado a su estética original en una Orden con más de 200 años de historia.

---

o fuerzas de distintas armas o cuerpos por hechos realizados conjuntamente, y regulando su uso cuando sean varias las que se posean.

12.- Ley de 14 de marzo de 1942 (*CLE* núm. 49).

LA SEGUNDA REPÚBLICA

Arriba. Alegoría de la proclamación de la Segunda República española.

Abajo. Una Cruz al Mérito Militar con distintivo rojo con la corona mural, del periodo de la Segunda República.

Apenas unos días después de ser proclamada la Segunda República el 14 de abril de 1931, se sucedieron diversas disposiciones para adecuar a las nuevas circunstancias, por un lado, la legislación anterior y por otro, todas las insignias reales y representaciones de la monarquía que tendrían que desaparecer de los uniformes, emblemas, material y atributos militares.

En julio se conoció el resultado de la revisión de la legislación, por la cual varias disposiciones sobre recompensas se verían afectadas: algunas quedaron anuladas, otras reducidas al rango de preceptos reglamentarios, sólo válidos y aplicables si se ajustaran a textos anteriores y superiores de leyes votadas en Cortes, y por último, las que permanecerían totalmente o en parte vigentes, quedando siempre la facultad del gobierno para modificarlas[1].

Por ello quedaron anulados, entre otros, los Decretos de 16 de marzo de 1925 sobre recompensas, el de 11 de abril de 1925, reglamentando la concesión de recompensas y el de 26 de noviembre de 1925 reformando el reglamento de la Orden de San Fernando, siendo de aplicación, para este periodo, los reglamentos de recompensas aprobados para el Ejército en 1920 y para la Armada en 1921.

Los de tiempo de guerra contemplaban las siguientes: Cruz del Mérito Militar o del Mérito Naval con distintivo rojo, Medalla Militar o Naval, Cruz Laureada de San Fernando, Medalla de Sufrimientos por la Patria y ascensos al empleo inmediato. Siendo las recompensas que podían ser otorgadas en tiempo de paz: mención honorífica y Cruz del Mérito Militar o Naval con distintivo blanco.

1.- Decreto de 21 de julio de 1931 (*Gaceta de Madrid* núm. 204, del 23). Anulando, derogando y dando carácter de precepto meramente reglamentario a la obra legislativa de la Dictadura.

Como ya hemos comentado, en otras disposiciones se detallaban las modificaciones de las condecoraciones militares que afectarían básicamente a la sustitución de la corona real por la mural y la adecuación de los escudos, suprimiendo las lises borbónicas y cambiando los colores nacionales. Se hacen desaparecer de las leyendas todas las alusiones a reyes, así como las cifras o anagramas reales[2].

A finales de septiembre de 1936, el Negociado de Recompensas, elaboró y propuso un proyecto con la siguiente escala: Estrella Laureada, Medalla Militar, ascenso al empleo inmediato, Placa del Mérito Militar, Estrella del Mérito Militar y Medalla de Sufrimientos por la Patria. Dicho proyecto sería informado por el Estado Mayor en octubre[3].

En marzo de 1937 se establecería un nuevo sistema de recompensas para premiar de forma colectiva y personalmente la abnegación, el tesón y el sacrificio de los integrantes del Ejército republicano y de aquellos que al margen de las instituciones armadas colaboraran al triunfo de su causa durante la campaña. Sin establecer sus diseños, se crean tres condecoraciones: la Placa Laureada de Madrid, la Medalla de la Libertad y la Medalla de Sufrimientos por la Patria. Adicionalmente se prohíbe el uso de las antiguas de guerra y se considera como una recompensa el ascenso de empleo inmediato[4].

La Placa Laureada de Madrid se reservaba para los hechos que revistieran un carácter extraordinariamente heroico o de capacidad. La Medalla de la Libertad se otorgaba a todos los que, rebasando el cumplimiento del deber, se distinguieran muy notablemente, pudiendo imponerse en el campo de batalla, si el hecho fuera extraordinario. Ambas se concedían una sola vez, pudiendo, caso de premiarse en más ocasiones a la misma persona, llevar pasadores de oro en la cinta de la

Arriba. Escudo de la monarquía alfonsina de la «Restauración».

Abajo. Escudo de la Segunda Republica española. Ha desaparecido las flores de lis y el collar del Toisón de Oro, se ha cambiado la corona real por la mural y se han incorporado las columnas de Hércules.

2.- Cruces del Mérito Militar o Naval (distintivo blanco y rojo), Medalla Militar, Medalla Aérea, Medalla Naval, Cruz Laureada de San Fernando y Orden de San Hermenegildo. Las cruces del Mérito Militar (distintivo bicolor) y las cruces de la Orden Militar de María Cristina se podían seguir ostentando con las modificaciones indicadas, pero ha de entenderse que quedaron suprimidas por la revisión de la legislación ya comentada.

3.- AGMAV,C.256,8,2. *Normas para la concesión de recompensas por méritos contraídos en campaña.* La citada escala se cita en un informe del jefe del Negociado de Recompensas al jefe del Estado Mayor Central, de 29 de junio de 1937. Lamentablemente no hemos encontrado ni el primitivo reglamento de recompensas ni el informe del Estado Mayor sobre el mismo.

4.- Decreto de 5 de marzo de 1937 (*Gaceta de la República* núm. 66, del 7). Estableciendo las distinciones que podrán concederse a todos los ciudadanos, tanto civiles como militares, por los motivos que se indican, en defensa de la República.

medalla y barras, también de oro, en la placa, inscribiéndose en unos y otras el lugar y fecha del hecho realizado.

La Medalla de Sufrimientos por la Patria se concedía a los heridos graves en campaña o en actos relacionados con ella, así como a las madres que perdieran uno o más hijos. De igual manera sólo se otorgaba por una vez y sobre la cinta de la misma se llevaban tantos pasadores de oro como distinciones se obtuvieran, inscribiéndose en éstos el lugar y la fecha de la herida[5].

En mayo se publicaban las normas para el desarrollo del anterior decreto, estableciendo el 15 de julio de 1936 como la fecha de inicio de la campaña, indicando que sólo la suma de dotes excepcionales sería lo que tendría que ser objeto de premio, de forma que ni el valor, ni el celo, ni la competencia técnica, ni el tiempo de permanencia en campaña o la reiteración de hechos de armas podían por sí solos ser objeto de recompensa.

A pesar de indicarse que las características y diseños de las nuevas condecoraciones se publicarían oportunamente, pasaría más de un año hasta conocer estos aspectos.

Este mes también se aprobó el Reglamento para la concesión de la Placa Laureada de Madrid, dándose a conocer el diseño de la misma. Era una estrella de cinco puntas en oro, rodeada de una orla de laurel; en el centro de la estrella un círculo con un busto con casco y la inscripción «La República a sus Héroes». El laurel de esmalte verde, la estrella de esmalte rojo; el medallón central y el lazo de la corona de laurel, en bronce viejo.

El general Miaja hablando a sus tropas. En su pecho se aprecia la Placa Laureada de Madrid en tela y las divisas de general.

5.- El modelo aprobado en 1814 se utilizaría por ambos ejércitos hasta la publicación del nuevo modelo republicano en noviembre de 1938.

En junio de 1937 se propuso la creación de tres distintivos honoríficos –combatiente de asalto, permanencia en el frente y hechos distinguidos en el frente– y una ampliación de las recompensas creadas en marzo, añadiendo la Medalla del Mérito Militar, para recompensar los méritos contraídos por los combatientes[6].

Finalmente, en enero de 1938, se establecieron las recompensas que podían concederse a todos los ciudadanos, tanto civiles como militares, sin distinción de clases ni categorías, y que por orden de prelación –que no se citaba– serían: Placa Laureada de Madrid, Medalla de la Libertad, Placa del Valor, Medalla del Valor, Medalla del Deber, Medalla de Sufrimientos por la Patria y Medalla de la Segunda Guerra de la Independencia[7], estableciendo los detalles para su obtención, que serían ampliados y modificados en marzo y abril. La Placa Laureada de Madrid, la Medalla de la Libertad y la Medalla de Sufrimientos por la Patria, no sufrían modificaciones en su concesión.

Cartel en el que se solicita la más alta condecoración republicana para el general jefe de la defensa de Madrid: el general Miaja.

Los reiterados méritos, expresión de un esfuerzo constante, se premiaban con la Placa del Valor, para lo que era preciso estar en posesión, a su vez, de las medallas del Deber y del Valor, ambas concedidas en la misma campaña. También podía serlo a quienes por iniciativa propia y asumiendo funciones rectoras en hechos heroicos y combates, mantuvieran con riesgo de su vida la lealtad de las tropas a sus órdenes. Sería pensionada durante cinco años con la diferencia de sueldo con respecto al del empleo inmediato superior.

La Medalla del Valor se concedía por hechos y servicios extraordinarios, siendo necesario que el propuesto se encontrara en posesión de la Medalla del Deber, aunque esto último después fue

---

6.- AGMAV,C.256,8,2. *Proyecto de orden circular sobre creación de distintivos honoríficos y de decreto sobre recompensas.* Con alguna variación, dos de estos distintivos se aprobarían finalmente en enero de 1939.

7.- Sin ningún tipo de validez legal podría establecerse, en función de los méritos, la siguiente equivalencia respecto a las ya existentes o creadas por el Ejército Nacional: Placa Laureada de Madrid, a la Laureada de San Fernando; Placa del Valor y Medalla del Valor a la Medalla Militar individual; Medalla de la Libertad, a la Cruz de Guerra; Medalla del Deber, a la Cruz roja del Mérito Militar.

Distintivo de Madrid. Gallardete con los colores de la República. El escudo: en campo azur, un grifo de oro. Segundo, de plata, un madroño de sinople frutado de gules terrasado de sinople siniestrado de una osa de sable empinante; bordura de azur cargada de siete estrellas de plata. Manteladura, en campo de oro, una corona cívica –concedida a Madrid en 1822– formada por trenzado en guirnalda de hojas de roble y banda carmesí. Corona mural. El escudo entre dos ramos de seis hojas de laurel cada una, en oro y unidas por sus ramas por una cinta tricolor.

aclarado, en el sentido de no tener que cumplir esta condición. Era pensionada durante cinco años, con un veinte por ciento de la diferencia de sueldo al empleo inmediato.

Para las unidades que realizaran hechos muy sobresalientes y de trascendencia, se creaban como recompensas colectivas, el Distintivo del Valor y el Distintivo de Madrid.

Sin conocer los diseños y sus características se sucedieron las órdenes y normas para el desarrollo y aplicación del decreto anterior. Se afianzó el criterio de ostentarse sólo una condecoración de cada una de las ellas, de forma que las que se concedieran repetidamente se representaban por pasadores de oro en la cinta de las medallas o por barras, del mismo metal, colocadas a tres milímetros de distancia en la parte inferior de las placas, inscribiéndose, en pasadores y barras, el lugar y la fecha de la acción, o la fecha de la herida para la Medalla de Sufrimientos por la Patria.

Las recompensas colectivas eran independientes de las individuales y éstas se ostentarían en las banderas o enseñas de las unidades a las que se otorgase.

A principios de abril de 1938 se delegó en los jefes de Ejército la facultad de conceder las medallas del Deber, del Valor o de la Libertad y determinados ascensos en el campo de batalla a todos los que se distinguieran de modo extraordinario. Siempre dando cuenta diaria de todo ello para su oportuna confirmación en el Diario Oficial. A finales de ese mismo mes se convocó un concurso para elegir los modelos de las condecoraciones ya creadas al que podían concurrir todos los españoles, civiles o militares, residentes en la zona leal, siendo el plazo de admisión de modelos de ocho días. Los bocetos tenían que ir sobre cartulina, a pluma o acuarela, representando, los de las medallas, el anverso y reverso de las mismas, y el de la placa tan solo una cara. Cada autor no podía presentar más de un boceto, siempre firmado, de cada una de las condecoraciones. En su mayor parte, los artistas que se presentaron al concurso, eran profesionales de bellas artes: profesores, humoristas gráficos, cartelistas, ilustradores, escultores, etc. Unos días después, en mayo, se conoció el resultado del concurso.

Los modelos de los bocetos –todavía sin publicar– quedarían depositados en la Subsecretaría del Ejército de Tierra de Barcelona, abriéndose un concurso para proceder a su acuñación, con la mayor urgencia, entre todos los fabricantes de medallas y distintivos militares de Barcelona, que debían presentar en un plazo de diez días, y por escrito, el precio por unidad de medalla acuñada, número de éstas que podían entregar semanalmente y si disponían del cobre necesario para ello. La medalla tenía que presentarse con un trozo de cinta de seda, con los colores de la bandera nacional y correspondiente pasador.

En julio se aprobaban los modelos del Distintivo de Madrid para los gallardetes de los buques y dotaciones de Marina. El distintivo personal, para llevar en el antebrazo izquierdo, era el escudo de Madrid bordado en oro, plata y sedas, entre dos ramos de seis hojas de laurel cada una, en oro y unidas por sus ramas por una cinta tricolor. En la parte inferior en seda roja, la fecha del combate o hecho glorioso. El gallardete llevaba el escudo de Madrid descrito en la página anterior, con los laureles en verde y encajado en su primer tercio.

Finalmente, en noviembre de 1938, se publicaban los diseños y características, aunque no la descripción, de varias de las recompensas creadas. Todas ellas debían ostentarse en el lado izquierdo del pecho, pudiendo usarse solamente un pasador con la cinta del mismo color que la medalla, como distintivo de su posesión.

Con esta disposición, se rompía radicalmente con los diseños tradicionales, creando una nueva emblemática y simbología, huyendo de los de forma de cruz. La industria privada quedaba autorizada para la libre confección y venta de estas condecoraciones, aunque no se describían las alegorías, quedando a la vista del dibujo, la futura interpretación de los fabricantes para su confección.

Diseños de las medallas al Valor y de Sufrimientos por la Patria.

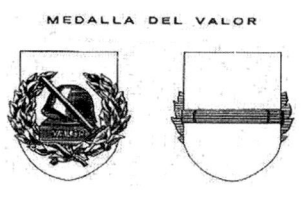

MEDALLA DEL VALOR

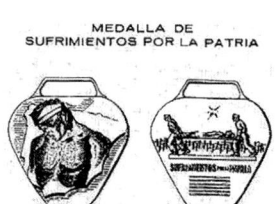

MEDALLA DE
SUFRIMIENTOS POR LA PATRIA

La Medalla del Valor sería un escudo de metal esmaltado en los siguientes colores: el casco y la espada, gris acero; la base, imitando piedra granito con la leyenda VALOR en oro, y verde la corona de laurel. El reverso llevaba una presilla para el paso y sujeción de una cinta de seda roja; la parte superior unida a un pasador de metal dorado, y por la parte inferior, sobresaliendo desde el cruce de las ramas de laurel, y de forma redondeada.

La Medalla de Sufrimientos por la Patria, de bronce, cobre o metal bronceado, pendiente de una cinta de seda de color amarillo sujeta por medio de un pasador de metal dorado. Los heridos debían llevar bordada un aspa roja cruzando la cinta, cuyas barras tendrían dos milímetros de ancho. De forma triangular con los ángulos redondeados, el anverso llevaba, sobre un mapa de la península, un combatiente herido con el torso desnudo. El reverso, dos camilleros trasladando un herido sobre un paisaje de alambradas y la inscripción «Sufrimientos por la Patria».

También en noviembre se ampliaban las normas dadas en el mes de abril, estableciendo que las propuestas de recompensas se formularan por los períodos de tiempo siguientes: el primero, desde el 19 de julio de 1936 hasta el 22 de abril de 1938; el segundo, desde el 22 de abril hasta el día 30 septiembre de 1938, y el tercero y sucesivos serían de tres meses cada uno.

En enero de 1939 y retomando la propuesta de 1937, se aprobaban los distintivos de combatientes y de hechos distinguidos, para los sargentos, cabos y soldados.

El general Vicente Rojo fue uno de los condecorados con la Placa Laureada de Madrid.

Encontramos concesiones de todas estas medallas en la Gaceta de la República, en el Diario Oficial del Ministerio de Defensa Nacional y en el Diario Oficial del Ministerio de la Guerra. Ocasionalmente la prensa de la época publicaba noticias de las concesiones o de los actos de imposición. Pero hasta la fecha, no habiendo encontrado ninguna prueba gráfica, no es aventurado afirmar, que se hacía sólo por medio de un certificado o diploma, o quizás un trozo de la cinta, pero sin hacer entrega de las insignias. Como excepción son conocidas algunas imágenes de los generales Rojo o Miaja llevando la Placa Laureada de Madrid.

A pesar de ello, no es fácil dar el número de condecoraciones concedidas en este periodo, ya que no hay constancia de la existencia de libros de registro o listados generales. No obstante, la prensa nos proporciona las concesiones entre el 1 de abril y finales de septiembre de 1938: una Medalla de la Libertad, 1121 Medallas del Deber, 159 del Valor y 1737 de Sufrimientos por la Patria. Siempre con datos no definitivos, esta sería una aproximación más realista:

MEDALLA DEL DEBER

MEDALLA DE LA LIBERTAD

 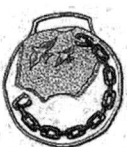

Diseños de las medallas del Deber y de la Libertad.

- Placa Laureada de Madrid   3
- Medalla del Valor   435
- Placa del Valor   13
- Medalla del Deber.   2272
- Distintivo del Valor   23
- Distintivo de Madrid   8

CONDECORACIONES REPUBLICANAS

Se concedieron las siguientes Placas Laureadas de Madrid: **General José Miaja Menant**, por su actuación durante la defensa de Madrid (Decreto de 12 de junio de 1937, GR núm. 164, del 13). **General Vicente Rojo Lluch**, por la dirección de las operaciones militares de la conquista de Teruel (Decreto de 10 de enero de 1938, GR núm. 11, del 11). **Capitán de corbeta Luis González Ubieta**, por su actuación durante el hundi-

Leocadio Mendiola Núñez

miento del crucero Baleares (Decreto de 16 de marzo de 1938, GR núm. 76, del 17 y DOMDN núm. 65, del 17). Sin constar su concesión efectiva, también fueron propuestos, publicándose la orden general para posibles alegaciones contradictorias de los siguientes: Mayor piloto **Leocadio Mendiola Núñez**, por los servicios prestados. Su esquela incluye la condecoración como concedida (Orden Circular de 29 de agosto de 1938, GR núm. 243, del 31). **Mayor de Caballería Manuel Fontela Frois**, por su heroica actuación durante la defensa de Madrid (Orden de 25 de enero de 1938, GR núm. 28, del 28). **Teniente coronel de Infantería de Marina Ambrosio Ristori de la Cuadra**, muerto durante la defensa de Madrid (Orden de 10 de febrero de 1938, GR núm. 47, del 16). **Teniente de Artillería Eustaquio Arribas Torres**, por su actuación en Barcelona, los días 14 a 19 de julio de 1936 (Orden Circular núm. 12808 de 8 de julio de 1938, DOMDN núm. 173, del 12). **Teniente de Artillería Agapito Izquierdo Terrazas**, por su actuación en Barcelona, desde el día 14 de julio de 1936 (Orden Circular núm. 12808 de 8 de julio de 1938, DOMDN núm. 173, del 12). **Teniente de Caballería Felipe Ramos Márquez**, por su actuación en Barcelona, los días 14 a 19 de julio de 1936 (Orden Circular núm. 12808 de 8 de julio de 1938, DOMDN núm. 173, del 12). **Mayor de Infantería Domiciano Leal Sargen-**

ta, por su actuación durante la batalla del Ebro (Orden Circular de 9 de enero de 1939, GR núm. 12, del 12). **Mayor de Infantería Manuel Álvarez**, por su actuación durante la batalla del Ebro (Orden Circular de 9 de enero de 1939, GR núm. 12, del 12). Al **soldado de Infantería Cosme Nevado Gutiérrez**, como premio a su gran valor y serenidad se le otorgó el empleo de sargento de Infantería y se dispuso que se le incoara la apertura de información para conocer si el hecho realizado estaba comprendido en alguno de los casos del Reglamento de la Placa Laureada de Madrid (Orden circular núm. 8764 de 20 de mayo de 1938, DOMDN núm. 122, del 22).

Los Distintivos al Valor concedidos en diferentes fechas fueron a las siguientes unidades: 46 División, Primer Grupo de Obuses de 115 del Ejército del Este, Grupo de Artillería de 105 Vickers, ciudad de Sagunto, Batallón Divisionario de Montaña (afecto a la 30 División), 28ª División, 39ª División, 40ª División, 32ª Brigada Mixta, 143ª Brigada Mixta, Segundo Batallón de la 13ª Brigada Mixta, Primer Batallón de la 14ª Brigada, Baterías de la Brigada DCA de Maniobra, Batallón de Puentes nº 3, 15 Batallón de la 4ª Brigada Mixta, 13ª Brigada Mixta, 24ª Brigada Mixta, 136ª Brigada Mixta, Aljibe nº 2, Primera Escuadrilla (Grupo 26º de Caza) de Aviación, 26ª División, 42ª División y Segunda Brigada de Fuerzas Blindadas.

El Distintivo de Madrid se concedió a los cruceros *Libertad* y *Méndez Núñez* y a los destructores *Sánchez Barcáiztegui*, *Almirante Antequera*, *Lepanto*, *Gravina* y *Lazaga* además de a la 11ª División. También fue propuesta la 32ª Brigada Mixta de la 70ª División, publicándose la orden general para posibles alegaciones, sin constar su concesión

Laureadas y medallas militares otorgadas a extranjeros en la Guerra Civil

El entonces brigada de Infantería Antonio Alemán Ramírez, fue condecorado por su actuación heroica el 13 de febrero de 1937, en Morata de Tajuña, con la Medalla Militar Individual y la Cruz Laureada de San Fernando, que luce juntas en su uniforme. En su brazo izquierdo, un ángulo de herido. Alemán llegaría a alcanzar el empleo honorífico de teniente general en los años 80 del siglo XX. Al cabo italiano Renato Zanardo también le serían otorgadas ambas condecoraciones por un mismo hecho de armas en España.

De todas estas recompensas veremos que, para los extranjeros, sólo algunas de ellas fueron debidamente publicadas en los boletines, pero de otras, la mayoría, no consta esta información o al menos no de forma pública y notoria. De ahí el carácter de clandestinas, definidas como «secreto u oculto, especialmente por temor a la ley o para eludirla».

Desconocemos el motivo real de esta falta de publicidad de las concesiones. Ninguno de los documentos de archivo consultados indica la explicación, motivación o fundamento. Simplemente se hace notar con la fórmula «significándole que esta resolución no debe ser publicada en Boletín Oficial del Estado» u otras similares.

En los listados, encontramos que algunas concesiones se hicieron mediante órdenes comunicadas, y las relaciones de personal son «con expresión de las concedidas y publicadas, así como de las concedidas y no publicadas». De otras conocemos su existencia sólo por su anotación en los expedientes personales. En estas relaciones se incluyen también algunas de las ya concedidas y publicadas. Otra fuente de información complementaria es la iconografía que, en algunos casos, y a falta de otra primaria, es la única referencia a una posible concesión.

Tanto en el Archivo General Militar de Ávila (AGMAV) como en el Archivo General e Histórico del Ejército del Aire y del Espacio (AHEA) es posible encontrar documentación relativa a las propuestas, concesiones e imposición de la Cruces Laureadas de San Fernando y Medallas Militares a personal alemán e italiano. Se han localizado también algunos documentos de interés en Bundesarchiv Freiburg (BArch)[8].

8.- Véase al final del trabajo la relación de documentos.

Uno de los primeros pilotos alemanes que se incorporaron al bando nacional en la Guerra Civil española fue Oskar Henrici, que aparece en este grupo (el más alto, apoyado en el ala del Heinkel He 51).

El 29 de julio de 1937, el Estado Mayor del Cuartel General del Generalísimo, fundado en que a las unidades legionarias –italianas y alemanas– no les era de aplicación lo estatuido para el Ejército Nacional, pasó a consulta una *cuenta* sobre el asunto de las recompensas[9].

[…] Como quiera que dichas fuerzas legionarias han tenido actuaciones brillantísimas, sufriendo en ocasiones gran número de bajas y siendo a todas luces su cooperación de lo más eficaz; y ante la prolongación de la campaña, la Sección se permite someter a la Superioridad la consideración de si sería ya llegado el momento de estudiar si procede tomar alguna determinación sobre el particular, sin esperar a la terminación de la misma, si se tiene también en cuenta que muchos de los componentes de las unidades de referencia regresan a sus países, algunos para no volver a España y es lógico que habría de serles muy grato y satisfactorio el poder ostentar en su país la recompensa a que, por su actuación en nuestra gloriosa Cruzada, se hubieran hecho acreedores […]

Cuenta, en la que, de forma manuscrita, se anotó lo siguiente: «Ha resuelto S.E. que cuando alguno se distinga extraordinariamente, haciéndose acreedor a recompensa la propongan para concedérsela, como se ha hecho ya en algunos aviadores». Y así era, ya que, en noviembre de 1936, se había otorgado por orden comunicada la Cruz Laureada al piloto alemán Oskar Henrici y la Medalla Militar individual al italiano Luigi Meirei, esta última publicada en el *BOE* en enero de 1937.

En base a lo establecido en el citado Decreto 192/1937, el general jefe de Estado Mayor del Cuartel General del Generalísimo, dirigió el 15 de agosto de 1937 un escrito a los generales jefes de las brigadas mixtas Flechas Azules y Flechas Negras con el siguiente texto[10]:

Con el fin de que la tramitación de las recompensas, por lo que se refiere a las Brigadas Mixtas, sea regulada, tengo el honor de poner en conocimiento de Vuestra Excelencia que cuando alguno de los Jefes, Oficiales, Suboficiales, clases o individuos de tropa que forman parte de esa Brigada, se distinga o se haya distinguido notablemente, siendo su actuación de un mérito sobresaliente, procede se formule la correspondiente propuesta de recompensas, con arreglo al Decreto

9.- AGMAV,C.19639,9_00028.

10.- AGMAV,C.19639,9_00002-00003.

número 192, de 26 de enero último (Boletín Oficial del Estado número 99).- Dichas propuestas deberán ser informadas por el General de la División de que formó parte la Brigada en el hecho o hechos de armas de que se trate, y por el del Cuerpo de Ejército y Ejército correspondiente, por cuyo conducto llegarán a mi Autoridad para su resolución definitiva. Por lo que se refiere a las demás unidades italianas, cuando ocurran casos análogos a los anteriormente indicados, el General o Jefe que mande la unidad formulará la propuesta, que deberá ser informada por el General o Jefe español de quien haya dependido en el hecho o hechos de armas de que se trate, el cual continuará el trámite reglamentario, informando las autoridades de los distintos escalones del Mando, hasta llegar a la mía, para resolución definitiva.- Lo que tengo el honor de comunicar a Vuestra Señoría a los efectos correspondientes y para conocimiento de los Jefes interesados.

Una nota manuscrita de la misma fecha indicaba: «Pendiente, por lo que a los alemanes se refiere, hasta que sea consultada oficiosamente la Misión Militar alemana», aunque hay un escrito del día anterior, de la misma autoridad dirigido al general jefe de Estado Mayor de la Misión Militar Alemana, en los términos siguientes[11]:

Cuando el general Hugo Sperrle, primer jefe de la Legión Cóndor, abandonó España y dejó el mando de la unidad, fue condecorado con la Medalla Militar individual. En la imagen, Sperrle en el Desfile de Berlín de la unidad germana.

Con el fin de que la tramitación de las recompensas, por lo que se refiere a las unidades legionarias, sea regulada, tengo el honor de poner en conocimiento de Vuestra Excelencia, que cuando al Jefe u Oficial clase o individuo de tropa de dichas unidades se distinga o se haya distinguido notablemente, siendo su actuación de un mérito sobresaliente, procede que sea formulada propuesta de recompensa que iniciará el General o Jefe que mande la unidad, siguiendo el informe del General o Jefe español de quien haya dependido en el hecho o hechos de armas de que se trate, y será elevada al General de la División y, posteriormente, al del Cuerpo de Ejército y Ejército correspondiente, por cuyo conducto llegará a mi Autoridad, para resolución definitiva.

Las recompensas a otorgar y demás trámites a seguir, constan en Decreto número 192, de 26 de enero último (Boletín Oficial del Estado núm. 99), del que acompaño copia.

Atentamente le saludo.

11.- AGMAV,C.19639,9_00004.

Por la ausencia de propuestas, el teniente coronel jefe de la Sección de Estado Mayor, reiteraba el primer escrito el 16 de mayo de 1938[12]:

No habiéndose recibido hasta la fecha ninguna propuesta de recompensa como se interesaba en escrito que se envió a la suprimida Delegación Militar Italiana cerca de este Cuartel General con fecha 15 de agosto de 1937, y con el fin de que S.E. el Generalísimo pueda proceder a otorgar la recompensa a que se han hecho acreedores los Generales, Jefes, Oficiales y tropa de ese C.T.V. que han combatido en nuestra Causa común contra el comunismo, independientemente de la Medalla de la Campaña, que será concedida a todos los que han tomado parte en nuestra Cruzada, se ruega a V.E. envíe relación de Generales, jefes, Oficiales y tropa que a su juicio deban ser objeto de una recompensa española, indicando al margen de cada uno, un pequeño resumen de su actuación, hechos de armas en que se han distinguido, y tiempo de permanencia en campaña.

Se recomienda la brevedad posible en el envío de estas relaciones, toda vez que, teniendo que procederse a encargar a las casas constructoras nacionales, las condecoraciones correspondientes, sería conveniente saber cuanto antes, las cuantía de éstas, a fin de que fuesen entregadas las condecoraciones lo antes posible. Por lo que se refiere a los heridos, a quienes corresponde además la Medalla de Sufrimientos por la Patria, también se ruega se envíe la relación correspondiente, a fin de que puedan ser encargadas a los fabricantes, y entregadas estas condecoraciones.

Mientras tanto, en un acto presidido por el general Franco, celebrado el 2 de octubre de 1938 en Logroño, se imponían, entre otras, nueve

Aeródromo de Agoncillo (Logroño), en septiembre de 1938. Franco preside el acto dedicado a las tropas italianas. Junto a él, en la tribuna presidencial, el jefe del contingente, general Mario Berti. Debajo se puede ver a otros dos generales italianos, Bergonzoli (con barba) y Bastico. Ambos llevan prendida la Medalla Militar individual.

12.- AGMAV,C.19639,9_00009.

Medallas Militares individuales y cuatro colectivas a militares y unidades italianas[13].

También se impusieron en el campo de Sariñena (Huesca) el 24 de noviembre de 1938, la Medalla Militar colectiva al Grupo 23 del Ala Legionaria de caza y las individuales a los comandantes Zotti y Nobili.

Ya en fecha temprana de diciembre de 1938, en la notificación al ministro de Defensa Nacional de las medallas militares colectivas al II Batallón «Sierra Argallén» y al I Batallón «Monte Jata», se significaba «que esta concesión no debe ser publicada en el Boletín Oficial del Estado».

Finalmente, el 25 de mayo de 1939 se remitirían al ministro de Defensa Nacional las relaciones del personal de la Aviación Legionaria, a quien se concedía las condecoraciones, aunque solo hemos encontrado una propuesta de nueve Medallas Militares firmada por el general Kindelán el 1 de mayo, indicándose en otros escritos de forma numérica las concedidas: 120 Medallas Militares, 177 Cruces de Guerra, 359 Cruces rojas del Mérito Militar y 2000 Medallas de la Campaña, a las que habría que sumar 20 Cruces de Guerra, 150 Cruces rojas y 150 Medallas de la Campaña, que por error, no se habían incluido[14].

En Barajas, el 12 de junio de 1939, Franco condecoró a la Legión Cóndor con la Medalla Militar colectiva. En la imagen, el guión concedido a esta unidad alemana, pendiendo la condecoración de una de las caídas de la cinta que va atada a la moharra.

Otro documento del AHEA sí incluye la propuesta de las 53 Medallas Militares a conceder a los alemanes, de las que 23 se impondrían en Barajas, enviándose el resto a Alemania, según señala un escrito de 13 de mayo de 1939 firmado por el general Kindelán[15].

En cualquier caso, la prensa de la época nos da noticia de las concesiones de algunas de estas medallas en actos señalados. Uno de estos casos es la revista aérea celebrada en el aeródromo de Barajas el 12 de junio de 1939, donde se impusieron condecoraciones a

13.- AGMAV,C.19639,1_00011-00015. También en BNE,GC-CAJA/3/12, fondo de la Biblioteca Nacional de España donde puede encontrarse un sobre con once fotografías tituladas *Logroño. Franco condecora a las tropas italianas.* Aparecen, entre otros, los generales Franco, López Pinto, Dávila y Barroso, el embajador italiano conde Guido Viola di Campalto y el embajador alemán Eberhard von Stohrer.

14.- AGMAV,C.19639,9_00017-00025.

15.- AHEA.A-013557.

Aeródromo de Agoncillo (Logroño), 2 de octubre de 1938. La hija de Franco, Carmen, anuda en el mástil del estandarte italiano, una corbata con la Medalla Militar colectiva a la unidad. Detrás, su padre, mira atentamente su actuación. También está presente el jefe del contingente italiano, general de brigada Mario Berti.

Aeródromo de Barajas, 12 de junio de 1939. Imposición de medallas a los contingentes aliados –alemanes e italianos–. En la imagen, Franco y Kindelán, con el uniforme azul de la Aviación Nacional, condecoran a varios voluntarios alemanes con la Medalla Militar individual.

los pilotos de la Legión Condor y de la Aviación Legionaria. El general Kindelán fue llamando:

... a los jefes de la Legión Cóndor y de la Aviación legionaria, los que se cuadran ante el Caudillo para que éste les imponga la Medalla Militar. Su Excelencia, en ese momento, dice a cada uno: «En nombre de la Patria española, le condecoro por su técnica y su valor en la Cruzada antibolchevique.» Les prende las medallas y les estrecha la mano. Los condecorados son los siguientes:

Coronel jefe de Estado Mayor de la Legión Condor, Von Schedemann (Sic); teniente coronel Grabmann; comandantes von Hertzer, Von Peltmann, Winkler y Bonin; capitanes Brey, Skrasser, Beckhauss, Czernik, Probet y Gehrkle; tenientes Harms, Klenifeld y Axe, y alférez Behm.

Con igual ceremonia son condecorados el general Monti, de la Aviación legionaria; el general Macera Pini [Giuseppe Maceratini], los coroneles Serra Antonino [Antonino Serra] y Pechi Eurico [Enrico Pezzi], el comandante Remondino, el capitán Panini Patro [Paolo Zanini] y el teniente Raimondi Pietro [Pietro Raimondi].

Después. el Caudillo entrega a los jefes de la Legión Condor y Aviación legionaria los dos guiones con los colores nacionales, condecorados con la Medalla Militar, para que los lleven como testimonio, imperecedero, de la amistad que se forjó en la guerra[16].

Leyendo el general Kindelán esta citación general:

Los jefes y oficiales que se citan a continuación se han distinguido extraordinariamente durante la guerra en cuantas misiones se les ha encomendado. Los detalles de aquellas que han motivado la concesión de la recom-

16.- *ABC*, núm. 10381, de 13 de mayo de 1939, pp. 1-10. Se ha respetado los nombres que han sido debidamente corregidos en los listados. También en *La Vanguardia Española*, núm. 22666, de 13 de mayo de 1939, p. 1.

pensa señalada, constan en la tarjeta personal de recompensa de cada uno. S.E. el Generalísimo ha querido premiar, en un corto número de aquellos que mayores hazañas han realizado personalmente ó al mando de sus respectivas unidades, la actuación valiente y abnegada de la Legión Cóndor y Aviación Legionaria durante toda la Campaña. En atención a los méritos que se citan S.E. el Generalísimo ha dispuesto le sea concedida la Medalla Militar, por méritos en la actual guerra al general, jefes, oficial, suboficiales y tropa siguiente[17].

De las imágenes gráficas, podemos describir los guiones entregados como recompensas colectivas, cuyo diseño no se ajustaba a lo dispuesto en las disposiciones en vigor. El de la Legión Cóndor tenía el anverso de paño rojo, con una cruz paté de oro a los cuatro extremos llevando en cada uno de ellos el emblema de la *Luftwaffe* y el emblema de Falange al asta, y el escudo de España y las letras L.C. al batiente. En el centro lleva una cruz de hierro cargada con el emblema de la *Luftwaffe* en plata. La Medalla Militar pende de una de las caídas confeccionada con la cinta atada a la moharra, rematando la otra caída en flecos de oro. El reverso es de los colores nacionales con el escudo nacional sobre la franja amarilla. El de la Aviación Legionaria es como el anterior, llevando en el anverso, sobre paño azul, el águila de la *Regia Aeronautica* italiana[18].

También conocemos el homenaje a los legionarios portugueses que fueron despedidos en la Plaza Mayor de Salamanca el 4 de junio de 1939, donde fueron impuestas cuatro Medallas Militares, además de otras condecoraciones por el teniente general Dávila y el general Millán Astray[19].

Plaza Mayor de Salamanca, 4 de junio de 1939. Imposición de condecoraciones a los voluntarios portugueses.

En resumen, por hechos y acciones durante la Guerra Civil se concedieron un total de 2364 Laureadass de San Fernando y Medallas Militares, con el siguiente detalle, debiendo indicar que para

---

17.- AGMAV,C.2537,34. *Citación General que leerá el General Jefe del Aire en el Aeródromo de Barajas el día 12 de mayo de 1939, Año de la Victoria, con motivo de la imposición de Medallas Militares a los pilotos de la Legión Condor y Aviación Legionaria.* La relación del personal a que se hace referencia no está incluida, aunque uno de los documentos indica que «como el general jefe de la Legión Cóndor posee la Medalla Militar, en la lectura se suprimirá su nombre».

18.- AGMAV,C.2317,34,193. Banderas. Guiones. Concesión de un guion a la aviación legionaria.

19.- *Heraldo de Zamora*, núm. 13610, de 5 de junio de 1939, p. 3. También en *Diario de Lisboa*, núm. 5942, de 8 de junio de 1939, p. 1.

las colectivas el número incluye, caso de varias fuerzas para la acción premiada, cada unidad publicada en las relaciones[20]:

- Grandes Cruces Laureadas: 4
- Cruces Laureadas individuales: 68
- Cruces Laureadas colectivas: 103
- Medalla Militar individual (MMi): 1419
- Medalla Militar colectiva (MMc): 770

De ellas, un total de 223 fueron concedidas a extranjeros.

La notificación de la concesión a los extranjeros, se hacía mediante el mismo modelo conocido de diploma de las recompensas de la

PAÍS	LAUREADAS	MMI	MMC	TOTALES
ALEMANIA	1	76	3	80
BÉLGICA	—	1	—	1
FRANCIA	—	1	—	1
ITALIA	2	122	10	134
PORTUGAL	—	7	—	7
TOTALES	3	207	13	223

Diploma de concesión de la Medalla Militar.

Guerra Civil para los españoles. El papel, tipo pergamino y formato vertical, es de 200 por 385 milímetros. Lleva en la parte superior una bandera de España que, a modo de filigrana incorpora escudos circulares simplificados de Castilla, León y Navarra, que también se repiten en la parte izquierda, y sobre los que va el escudo nacional en sus colores en la parte superior, y en la central e inferior una cinta de los colores nacionales que en su parte final simula sujetarse por un sello de cera, también con el escudo nacional. Sobre la bandera la inscripción, en letra gótica «Ejército Español», y en colores rojo y negro, el texto siguiente en el hueco[21]:

20.- Laureada colectiva, unas 26 acciones. Medalla Militar colectiva, unas 114 acciones.

21.- Pueden existir variaciones en el lugar, fecha de la concesión y autoridad de la firma. Suele llevar igualmente un sello en seco ovalado del Ministerio de Defensa Nacional. Algunos ejemplares, en la parte izquierda, añaden un ancla entre el escudo nacional y la cinta, generalmente firmados por el Ministro de Marina. En la parte inferior la inscripción «Talleres offset-San Sebastián».

Varias señoritas españolas, algunas tocadas con mantilla, rodean a un joven teniente piloto germano de la Legión Cóndor, que les dedica un autógrafo. El alemán luce en su pecho la Medalla Militar individual y la Medalla de la Campaña.

En atención a los méritos contraídos en Operaciones de Guerra por [espacio para el nombre]

S. E. el Jefe del Estado y Generalísimo de los Ejércitos Nacionales ha tenido a bien concederle [la Medalla Militar].

Y para que conste y para satisfacción del interesado, expido en nombre de S. E. el presente diploma en [lugar y fecha].

[III Año Triunfal ó Año de la Victoria].

El Ministro de Defensa Nacional

Medalla Militar individual otorgada al general Helmuth Volkmann, segundo de los jefes que mandaron la Legión Cóndor en España.

En julio de 1965 desde el Estado Mayor Central del Ejército se solicitó informe a la Dirección General de Reclutamiento Personal donde: «por haber sido interesado por nuestro embajador en Roma, se ruega […] la remisión de la relación […] donde conste el personal […] italiano que haya sido condecorado por nuestro Ejército durante la Campaña de Liberación […]». Unos días después se respondeía: «que de la totalidad de las concesiones no hay antecedente completos, ya que la documentación al respecto fue llevada consigo por el citado Cuerpo de Tropas Voluntarias extranjeras en el momento de su repatriación»[22].

Pero en cualquier caso encontramos diversas relaciones, fechadas el 20 de agosto de 1965, de personal italiano que figura como condecorado con la Cruz Laureada de San Fernando y Medalla Militar individual, con expresión de las concedidas y publicadas, así como de las concedidas y no publicadas, que viene a confirmar las que incluimos en nuestros listados[23].

En septiembre de 1966 el agregado militar de Roma solicitó se «facilite la relación de las unidades italianas o españolas compuestas en parte por italianos que merecieron condecoraciones colectivas por su actuación durante nuestra Guerra de Liberación», enviándose unas semanas después una relación con cuatro unidades italianas a las que se había concedido la Medalla Militar colectiva[24].

22.- AGMAV,C.19639,9,00034-00036.

23.- AGMAV,C.19639,9,00034-00037-00039 y AGMAV,C.23350,1,00161-00164.

24.- AGMAV,C.19639,9,00034-00050-00056.

Condecoraciones a extranjeros. Las primeras concesiones público/clandestinas

El viernes de 12 de mayo de 1939, Francisco Franco, con el uniforme de capitán general de Aviación, –aunque nunca fue piloto ni mandó unidad aérea alguna–, presidió la gran parada militar de los victoriosos pilotos españoles, italianos y alemanes en el aeródromo de Barajas. La Guerra Civil había terminado el 1 de abril anterior.

En aquella ceremonia se impusieron a los aliados alemanes de la Legión Cóndor e italianos de la Aviación Legionaria, decenas de Medallas Militares individuales, cuyo registro en los archivos militares correspondientes ha resultado ser confuso, parcial y fragmentado, en ocasiones caótico. Además de olvidado durante años. Obligado requisito para cualquier condecoración, ¡no digamos para la segunda en importancia, tras la Laureada de San Fernando! Concretamente se condecoró en Barajas a tres coroneles, 10 comandantes, 16 capitanes, 26 tenientes y alféreces y cinco suboficiales.

¡De esas sesenta concesiones apenas existe rastro! ¿Por qué?

Hace años nos sorprendió su clamorosa ausencia en la obra *Galería Militar Contemporánea*, publicada por el Ministerio de Defensa en los años setenta del siglo pasado, que documenta todas y cada una de las Medallas Militares individuales otorgadas desde su creación, abarcando las campañas españolas en África de 1893 a 1935) y otros conflictos hasta 1975. La cuestión resultaba extraña. Incomprensible. ¿Por qué ocultar lo que había sido público?

Pilotos alemanes condecorados con la Medalla Militar individual y la Medalla de la Campaña. La foto fue tomada en Doberiz (Alemania), en la ceremonia de entrega de la *Spanienkreuz*, que fue la condecoración alemana para premiar su participación en la Guerra Civil española.

Entrega de condecoraciones en la Parada de León, poco antes de la despedida de la Legión Cóndor. El general von Richthofen entrega diversas medallas concedidas a los voluntarios alemanes.

Efectivamente, lo había publicado el diario *ABC* y toda la prensa española el 13 de mayo de 1939, tras el desfile de Barajas, incluso citando algunos nombres de aviadores italianos y alemanes condecorados en tal ocasión por Franco. Y existen fotografías.

Como hay también abundante documentación gráfica de oficiales y soldados de la Legión Cóndor ostentando en sus uniformes la Medalla Militar individual, la Cruz de Guerra, la Cruz del Mérito Militar con distintivo rojo, la de Sufrimientos por la Patria y la Medalla de la Campaña 1936-1939, en su desfile de la Victoria en Berlín el 6 de junio siguiente ante Hitler, Göring y Raeder y varios generales españoles –Orgaz, Aranda, Queipo de Llano, Yagüe y el almirante Juan Cervera–.

Las condecoraciones, ¿fueron otorgadas autónomamente por alemanes e italianos?

El Alzamiento del 17 de julio de 1936 produjo una profunda convulsión en la legalidad, en las normas procedimentales, entre ellas las disposiciones que afectaban al régimen de concesión de condecoraciones. Las necesidades de la guerra dieron lugar en los primeros meses en la zona nacional a una actuación por la vía de los hechos fuera de toda ortodoxia reglamentaria.

La primera directiva sobre recompensas militares fue el ya citado Decreto de 26 de enero de 1937 ordenado, naturalmente, por Francisco Franco. Lo estudiaremos más detenidamente al tratar de la Laureada de San Fernando otorgada al piloto alemán Oskar Henrici.

Concluida la Segunda Guerra Mundial, algunos italianos y alemanes condecorados solicitaron certificación y duplicados de sus diplomas y medallas, que habían sido destruidos o perdidos tras los bombardeos aliados. La respuesta, del 30 de julio de 1955 por la Dirección General de Personal del Ministerio del Aire español, fue lamentable:

Examinados los antecedentes sobre recompensas concedidas a personal extranjero, no figuran los citados súbditos alemanes, toda vez que estas fuerzas era administrativamente completamente independientes, quedando en su poder toda la documentación referente a las mismas, y solamente en determinados casos existen copias parciales de algunas de sus unidades, por lo que esta Dirección General estima que no existiendo ningún antecedente que justifique la concesión, no es posible acceder a lo solicitado, debiendo comunicarse en este sentido a la Autoridad que lo interesa, mediante el adjunto escrito[1].

Ratificando en septiembre siguiente:

Examinado el archivo de recompensas aparece que parte del personal de referencia, tiene antecedentes que justifican las citadas recompensas, el resto no figura, toda vez que su concesión se efectuó directamente por la Legión Cóndor […].

Y concluyendo en noviembre del mismo año:

Las recompensas concedidas a este personal se efectuó de las tres formas siguientes: por la Jefatura del Servicio del Aire, por el Ministerio del Ejército y por la Legión Cóndor. Solamente del primer caso existen antecedentes en esta Dirección General.

Por ello se denegaron duplicados de condecoraciones, en imperdonable error, ya que estaban documentadas como efectivamente otorgadas, figurando en las listas de alemanas, italianas y portuguesas encontradas en nuestra investigación en los archivos militares.

El velo se había rasgado. El Ministerio del Ejército no había hurtado u ocultado esas concesiones por prudencia tras la derrota del Eje al publicar la *Galería Militar Contemporánea*, pero, ¿habría sido concedida la segunda máxima condecoración militar española por los alemanes e italianos autónomamente?

Teniente coronel Gotthard Handrick. Fue piloto de caza en la guerra española y en la Segunda Guerra Mundial. Había sido olímpico con el equipo alemán de pentatlon moderno, ganando la medalla de oro en los Juegos Olímpicos de Berlín. En la Legión Cóndor fue el jefe del Grupo de Caza J/88 entre julio de 1937 y septiembre de 1938. En la imagen se aprecian con nitidez la Medalla Militar Individual y la Medalla de la Campaña, debajo de las dos estrellas de ocho puntas.

Aparecen las listas de condecoraciones propuestas por los mandos alemanes e italianos y otorgadas por el Generalísimo Franco … pero no publicadas

Si ya resultaba más que extraño, disparatado, que las concesiones se dijeran otorgadas «autónomamente» por la Legión Cóndor o el *Corpo Truppe Volontarie* (CTV) y Aviación Legionaria, en cualquier caso, deberían constar en el *Boletín Oficial del Estado*, como era reglamentariamente

1.- AHEA.013557,387.

obligatorio. Allí figuraban las listas de condecorados con toda clase de distinciones civiles y militares, pero ninguna correspondiente a alemanes, italianos o portugueses. Nada. Tampoco aparecían en la exhaustiva recopilación de la *Galería Militar Contemporánea*.

Si a Hitler, Mussolini, Ciano, Ribbentrop y Göring se les había entregado el Gran Collar de la Orden Imperial de las Flechas Rojas, (luego del Yugo y las Flechas), publicándose en el *BOE* ¿por qué ocultar las concesiones a oficiales y soldados, que además les fueron impuestas públicamente en un desfile multitudinario?

En un párrafo de un oficio perdido de 13 de mayo de 1939 estaba la respuesta. El comandante en jefe de la Aviación Nacional, el general Kindelán, indicaba, al respecto de la concesión de la Medalla Militar individual a Alfred Henke que, «*por no tener constancia oficial sería conveniente confirmar la Medalla Militar concedida por V. E.* [Franco] *en el mes de agosto del 36* […] *por sus destacados servicios*»[2].

¿Confirmar una medalla otorgada tres años antes? Así ocurrió. En oficio de 23 de mayo de 1939 se confirma «*la concesión de la Medalla Militar a favor del piloto de nacionalidad alemana Alfred Henke*» con la sorprendente coletilla de «*esta confirmación no debe ser publicada*».

Franco condecora a un soldado italiano en Logroño, en septiembre de 1938.

«Clandestinidad administrativa» que se confirma nada menos que con el primer jefe de la Legión Cóndor, general Hugo Sperrle, a quien habiendo sido concedida la Medalla Militar y la Gran Cruz del Mérito Militar con distintivo blanco también se ordenaba: «*ha de tener carácter privado y por consiguiente no debe ser publicado en el Boletín Oficial del Estado*», según la orden del Cuartel General del Generalísimo del 31 de octubre de 1937.

Explícita orden –totalmente atípica– que se repetiría en otras concesiones a pilotos y soldados italianos de la Aviación Legionaria y del CTV.

Este fue, entre otros, el caso de las concesiones al general Vincenzo Velardi, al coronel Rocco Aprile, al comandante Andrea Zotti y a los capitanes Antonio Larsimont Pergameni y Paolo Paladini, al teniente Enrico Degli Incerti, al suboficial Ezio Biondi, al cabo mayor Renato Zanardo (condecorado después con la Cruz Laureada) y al comandante Guido Nobili, entre otros, según el listado que acompaña al oficio de la

2.- AHEA.013557.10.

EL CURIOSO CASO DEL COMANDANTE ANDREA ZOTTI

En la historia de las concesiones a extranjeros de esta recompensa, la sorpresa, lo absurdo, es la norma. Franco llevaba más de quince meses otorgando Medallas Militares individuales a alemanes e italianos cuando el 7 de noviembre de 1937, el general jefe del Ejército del Centro, con fecha de 20 de octubre anterior, propuso se condecorará al piloto Andrea Zotti (nueve derribos y seis más compartidos) con la Medalla Militar, produciendo extraña perplejidad en el teniente coronel responsable de la tramitación en el Estado Mayor del Cuartel General del Generalísimo.

«La Sección quiere llamar la atención de S. E. sobre el carácter de extranjero del propuesto, si bien esto no parece ha de ser un obstáculo para la concesión de la Medalla Militar, atendiendo a varios precedentes» [¡caramba!]

La medalla le fue concedida y así aparece en el expediente personal del italiano que existe en el AHEA, confirmado por el comandante en jefe de la Aviación Nacional. Es más, como ya hemos citado, le sería impuesta en 1938 en el campo de Sariñena[1].

Andrea Zotti, piloto de caza, derribó con su Fiat CR.32, nueve aviones republicanos y otros dos probables no confirmados. Tiene una historia interesante como haber sido instructor de la aviación nacionalista china de Chiang Kai-shek, casándose con Isabel Kindelán Núñez del Pino, hija de su comandante en jefe, el general Alfredo Kindelán.

1.- AHEA. P59053.

General Annibale Bergonzoli, apodado cariñosamente por sus hombres «Barba eletrica». Se aprecia, entre sus pasadores, el de la Medalla Militar individual obtenida en la Guerra Civil española.

Página siguiente, arriba. El piloto alemán Alfred Henke fue condecorado con la Medalla Militar individual. Su concesión no sería publicada.

Sección de Recompensas del Ejército, de la Dirección General de Reclutamiento y Personal, de 1 de julio de 1966. Se trata de 106 concesiones al contingente militar italiano que, además de las ya conocidas por haberse publicado o no, incluye 90, sin fecha de concesión, de una propuesta del general Varela de 28 de febrero de 1940[3].

¡El mando español había acordado que esas públicas concesiones fueran administrativamente clandestinas!

¿Por qué tanto secreto si en 1939 se ufanaba de su hermandad de armas, ideas y fastos con fascistas y nazis a los que había condecorado en parada pública y publicada? Misterio absurdo. Incomprensible.

La solución a este absurdo estaba donde debía estar.

Navegando en las procelosas aguas de nuestros archivos –Militar de Segovia, General Militar de Ávila, Histórico del Ejército del Aire y del Espacio y General de la Administración– y como Diógenes con su linterna, avanzando de fichero en fichero, de legajo en legajo, aparecieron listas y documentación de las condecoraciones de la Legión Condor, de los *Viriatos* portugueses (voluntarios lusos olvidados por todos) y una bastante extensa de la Aviación Legionaria y del CTV italiano.

3.- AGMAV,C.19639,9,00042. Se han corregido algunos nombres del listado.

Las Medallas Militares individuales fueron otorgadas por el mando español

De la documentación del 12 de mayo de 1939 resulta que el mando de la Legión Cóndor propuso una lista de *condecorables* con la Medalla Militar individual, que fue asumida por el general Kindelán, y que Franco aprobó, (documento existente en el AHEA). El mando militar español había requerido a la jefatura de la Legión Cóndor y a la italiana, que propusieran a los merecedores de condecoraciones españolas. Los alemanes propusieron 220 concesiones y los italianos, 219.

CONDECORACIONES A ALEMANES

En el Archivo Histórico del Ejército del Aire encontramos un expediente, a todas luces incompleto o parcial, que incluye un documento con una tabla que resume las propuestas de Cruces de Guerra, Cruces rojas o blancas del Mérito Militar, Sufrimientos por la Patria, Medalla de la Campaña, así como el de Medallas Militares, ascendiendo estas últimas a 220[1].

Las propuestas con las relaciones nominales están en seis listados. La lista nº 1, con 109; la nº 2, con 27; la nº 3, con 53; la nº 4, con 23; la nº 5, con una y la nº 6, con seis. En total, 219. Pero solo han aparecido las listas nº 4, 5 y 6, que suman 30 concesiones.

Desconociendo si, finalmente, todas las propuestas llegaron a aprobarse, por otras fuentes, sólo hemos podido acreditar 76 concesiones[2]. Uno de los posibles motivos de la falta de estos listados podría deberse a que «seguramente [...] las listas fueron rodando de Ministerio en Ministerio y por lo visto se ha perdido alguna hoja», como *amigablemente* escribía, en enero de 1942, el agregado aéreo en la Embajada en Berlín al teniente coronel Sedano, del Ministerio del Aire.

Explicación más convincente parece la del general director de personal del Ejército del Aire al general segundo jefe del Estado Mayor del Aire en marzo de 1973: «no obstante y teniendo en cuenta que esta

Unidad [Legión Cóndor] era totalmente independiente administrativamente, al repatriarse se llevaron su documentación original, por lo que no puede asegurarse de un modo categórico que, aunque bastante completas, estén la totalidad de los datos [...]».

Este *baile* en el número de concesiones lo encontramos en la propuesta del general Kindelán al Franco, el 13 de mayo de 1939, tras la proposición alemana: «Debe reducirse el número de Medallas Militares [a la Legión Cóndor] a 53. De ellas fueron concedidas por V. E. ya las 23 que figuran con la relación nº 1 [coincide con el número de la lista núm. 4] y que serán las que se impongan en la fiesta de Barajas [la parada militar del día anterior]. Propongo a V. E. que se otorgue dicha alta recompensa a los 30 jefes, oficiales y tropa que figuran en relación nº 2 [...]»[3]. ¡Así, inicialmente serían 53, que concluirían en 76, quien sabe si en las 220 propuestas!

En los listados que acompañan a este trabajo se incluyen como concedidas una Laureada, 76 Medallas Militares individuales y tres colectivas. Y como dudosas, una Laureada, cinco Medallas Militares individuales y una colectiva.

Ante la creencia de que las condecoraciones españolas no fueron muy apreciadas por sus titulares, pueden verse fotografías portándolas en sus uniformes durante la Segunda Guerra Mundial. Tampoco es raro ver cintas españolas en los pasadores de diario. Es preciso recordar que muchas concesiones se hicieron a fallecidos, por lo que no hay pruebas gráficas de su uso

---

1.- AHEA.013557.216.

2.- AHEA.013557. No hemos sido capaces de encontrar información de la que falta entre las 219 que suman las propuestas y este número final de 220. Las concesiones halladas en varias referencias bibliográficas se han contrastado con las hojas de servicio –caso de encontrarse en los archivos españoles– y con iconografía principalmente.

3.- AHEA.013557,9-10.

CONDECORACIONES A ITALIANOS

Las unidades italianas eran el *Corpo Truppe Volontarie* (CTV) y la Aviación Legionaria, inicialmente camuflada como componente de la Legión española, siendo su emblema el de esta unidad, añadiéndole unas alas.

El 28 de febrero de 1940, el CTV propuso en lista firmada por el coronel jefe del Estado Mayor, 90 concesiones que fueron íntegramente aprobadas por el general Varela, ministro del Ejército[1]. A ellas habría que sumar las que figuran en otras dos listas firmadas por el comandante en jefe del CTV, el general Gastone Gambara, «*concessa il 2- Ottobre* [de 1938] *in Logroño*»[2]. Se trataba de cuatro colectivas –División Littorio, 724 Batallón *Inflessibile*, del 7º Regimiento de la División de Camisas Negras «XXIII de Marzo», el *Ragrupamiento Artigliería* y el *Ragrupamiento Carristi*, ¡que había propuesto más de 600 medallas individuales!– y de nueve individuales –el general Annibale Bergonzoli, el general Enrico Francisci, los cabos Pietro Todaro, Angelo Sini, Francesco Salanti y Guido Gardenghi y los camisas negras Giovanni Brambillosca y Carlo Neri– que se concretan en ocho nuevas concesiones ya que el general Bergonzoli figuraba en la citada lista de las 90.

Por su parte, la Aviación Legionaria propuso un total de 120 concesiones en varias listas: 35 aviadores vivos, 68 muertos en campaña, nueve prisioneros de guerra y ocho desaparecidos en campaña, más la que no figura en lista, pero sí fue efectiva, la del general Gastone Gambara, jefe del CTV[3].

El obsequioso mando italiano del *Comando della Aviazione Legionaria* también solicitó al Cuartel General de Franco la concesión de la Medalla Militar al hijo del dictador fascista, el teniente piloto Bruno Mussolini, por el «extraordinario historial» de nueve misiones en 52 días de presencia en España, proposición confirmada por el general Kindelán. ¿Fue concedida? No hemos encontrado que lo fuera.

En los listados que se acompañan se incluyen como concedidas dos Laureadas, 122 Medallas Militares individuales y diez colectivas. Y como dudosas, dos Medallas Militares individuales y una colectiva.

1.- AGMAV,C.19639,1,00005-00010.

2.- AGMAV,C.19639,1,00011-00015.

3.- AGMAV,C.19639,3,00048. En alguna de las relaciones incluso consta con dos Medallas Militares, además de la Gran Cruz del Mérito Militar con distintivo blanco, la Cruz de Guerra y la Medalla de la Campaña.

La cifra citada de 220 condecoraciones a italianos y alemanes nos lleva a entender que fue un número propuesto a unos y otros por el mando español, para después concederlas a su criterio.

La casi totalidad de las Medallas Militares a alemanes fueron otorgadas al final de la guerra, el 4 de mayo de 1939 –con la excepción de Hans von Kessel, el 26 de septiembre de 1937, Hans Mörner, el 24 de julio de 1938, e Ignaz Prestele, el 30 de septiembre de 1938, más el peculiar caso de Alfred Henke ya citado–.

Los comandantes en jefe de la Legión Cóndor recibieron la Medalla Militar *con diamantes*, variante no reglamentaria muy al gusto alemán, al fin de su mandato. Es el caso de los generales Sperrle el 30 de octubre de 1937, Volkmann y Richthofen, el último en su jefatura, el 20 de enero de 1938.

Los italianos siguieron recibiéndolas hasta 1940.

General Gastone Gambara. Fue condecorado con la Medalla Militar individual y una Cruz de Guerra. Al terminar la guerra fue nombrado embajador de Italia en España.

Se niegan Medallas Militares individuales... otorgadas y documentadas

Arriba. El general Wolfram von Richthofen, con el uniforme de la Luftwaffe. En su solapa luce la Medalla Militar individual.

Página siguiente, abajo. Uno de los intérpretes del Gruppe Thoma, del contingente terrestre de la Legión Cóndor, alférez Hans Kubler, también fue galardonado con la Medalla Militar individual. Además obtuvo una Cruz de Guerra, la Medalla de la Campaña y Cruz de Guerra italiana al mérito. En su bolsillo, la calavera orlada con un carro de combate, que era el distintivo propio del Grupo alemán de instructores acorazados.

Como ya hemos indicado, concluida la Segunda Guerra Mundial, numerosos excombatientes de la Legión Cóndor reclamaron certificados de concesión de sus condecoraciones –e incluso, si existieran, las pensiones anejas a las mismas– en la Embajada de España en Alemania. Entre ellos Herbert Schob, Ernest Hertzer y Joachim Schichlting. Así aparece en la lista de peticionarios de condecoraciones y diplomas que fueron, en muchos casos, denegadas «como desconocidas» por el Ministerio del Aire español en noviembre de 1954.

La respuesta dada por las autoridades españolas fue dispar. A Ernest Hertzer se le negó su muy acreditada Medalla Militar pues «*no aparece referencia alguna sobre el interesado*» a pesar de la evidencia de habérsela concedido como comandante en jefe del *Imker-Horch*. (Era del contingente terrestre). Mejor suerte tuvo el coronel Schichlting, a quien se le reconoció además de la Medalla Militar, la Cruz roja del Mérito Militar, la Medalla de la Campaña y el distintivo de piloto militar.

La razón ya la hemos dicho: la peculiar y explícita orden de «no publicación en el Boletín Oficial», como se recoge en la concesión correspondiente al general Ettore Bastico de 11 de noviembre de 1937 y que encontramos en el Archivo General Militar de Segovia.

En atención a la brillante actuación del General Ettore Bastico al frente de las Tropas Legionarias [...] he acordado concederle la Medalla Militar.

Lo digo a V.E. para su conocimiento y efectos, no debiendo publicarse esta resolución en el Boletín Oficial.

Ettore Bastico fue el comandante de las tropas italianas en la campaña del Norte, a quien el 21 de octubre de 1937, Franco le otorgó la Medalla Militar individual.

Concesión que produjo una curiosa situación: Bastico manifestó haber olvidado ¡si fue o no condecorado!, lo que originó un teletipo de Franco, el 14 de febrero de 1939 inquiriendo:

UN CASO PECULIAR: EL CONDE ROSSI

En el listado del Archivo General Militar de Ávila consta la concesión de la Medalla Militar individual al *console general* Arconovaldo Bonaccorsi, el tan pintoresco como sangriento «conde Rossi», de trágica memoria en Mallorca.

Bonaccorsi –que no era conde– llegó como representante de la Revolución Fascista a finales de agosto de 1936 saliendo de la isla en diciembre del mismo año, participando, integrado en el CTV, en la toma de Málaga. Su paso por Mallorca dejó un reguero de muertes, dolor, humillaciones y miseria al frente de una unidad de falangistas bautizados como los «Dragones de la Muerte».

El cónsul italiano refirió que en agosto y septiembre el número de fusilados fue de 1750 … en una isla que no se resistió al Alzamiento.

Se autonombró comandante de operaciones en la isla y llegó a ser la autoridad indiscutida por civiles, militares y falangistas, con un nivel de adulación y pleitesía rastrero. Represión, vasallaje y miseria moral. Esta era la catadura del tipo que recibió tan alta condecoración española, la Medalla Militar.

Terminó creando tantos problemas a italianos y españoles que fue asignado al CTV en la zona de Málaga como Inspector General de las Formaciones Voluntarias. Su grado en la Milicia Nacional Fascista era *console* –equivalente a coronel– pero Bonaccorsi decidió que la coronelía le quedaba corta, así que cambió de lugar las palabras inspector y general pasando a autotitularse General Inspector. Se hizo con un uniforme de general español y así figura en el elenco de condecorados.

También se le concedió la Gran Cruz del Mérito Militar con distintivo rojo y la Medalla de Campaña[1].

En Málaga, su egolatría y facundia hartó al general Roatta que lo devolvió a Italia donde Mussolini lo reexpidió a Abisinia.

En los años sesenta del siglo XX, paseando por Roma se encontró con turistas mallorquines, a los que se presentó: «Soy el conde Rossi». No le hicieron caso, no sabían quién era. El tiempo todo lo borra. Incluso la indecencia.

1.- AGMAV,C.19639,3,00015.

S. E. desea saber si hay antecedentes en la Sección tercera de que se haya concedido al General Bastico la Cruz de Guerra, además de la Medalla Militar y de una Cruz del Mérito Militar que se le otorgó.

Dice dicho General que S. E se la concedió por intermedio (sic) del General Berti pero como no lo recuerda (¡Sic!) quiere cerciorarse de si es exacto[4].

Por fin el Ministerio de Asuntos Exteriores en oficio de 30 de octubre de 1938 remitió estas condecoraciones a la Embajada de España en Roma «*por conducto seguro a nuestro Embajador cerca del Quirinal para que proceda a su imposición con la mayor solemnidad posible*».

4.- Mario Berti, fue el comandante en jefe del CTV de 1937 a 1938. Junto a su amigo Bastico fueron derrotados en África en la Segunda Guerra Mundial.

¿Quiénes no están en la lista de condecorados de la Legión Cóndor y la Aviación Legionaria?

El piloto de caza alemán Otto Bertram. En su bolsillo derecho lleva el emblema de piloto militar y la *Spanienkreuz*. Sobre el bolsillo izquierdo luce tres pasadores, uno de ellos correspondiente la la Medalla Militar y otro, a la Medalla de la Campaña. Desconocemos el origen del tercero.

La lista de concesiones documentadas e individualizadas es poco lógica. En ella no figuran pilotos con más derribos que otros, que con menos, está constatado que sí recibieron la Medalla Militar. No están aviadores como Harro Harder, con 10 derribos; con nueve Wilhelm Ensslen; Herwig Knüppel, con ocho. Con siete derribos Horst Tietzen y Kraft Eberhardt (y a éste la posible concesión de la Cruz Laureada de San Fernando). Con cinco derribos, Georg Braunshirn, Otto von Houwald o Willy Szugger.

Caso idéntico se produjo con los aviadores italianos Bruno Montegnacco *Romualdi*, que acreditó 15 derribos, y Adriano Mantelli *Arrighi*, con 10, no están, mientras sí se concedió a Andrea Zotti o Guido Nobile, ambos con nueve.

¿O sí se les otorgó y sus concesiones *duermen* en los archivos militares españoles?

Los *Viriatos* olvidados

Varios miles de lusos se presentaron voluntarios para combatir en la contienda civil española. Unos se integraron en la Legión –como hicieron los italianos al principio– y otros constituyeron una unidad propia: los *Viriatos*, tomando parte en las operaciones inte-

EL CASO DEL SARGENTO GUIDO PRESSEL

Guido Pressel (alias Girolamo Samartano) fue uno de los mayores ases de la Aviación Legionaria italiana. Fue miembro del primer contingente de pilotos enviados por Mussolini, llegando el 14 de agosto de 1936 a Melilla, integrándose inmediatamente en la Primera Escuadrilla por un breve período, pasando posteriormente a la 26 Escuadrilla «La Cucaracha». Derribó 12 aviones republicanos y 10 más en colaboración, siendo condecorado con la Medalla de Oro al Valor italiana, muriendo en combate el 5 de junio de 1937 en el frente norte. Figura en la lista ya citada de propuestas firmada por el general Kindelán.

Según carta de 28 de mayo de 1948 al cónsul de España en Bolzano, su padre –arruinado y sin recursos– afirmó que, por decreto de 4 de mayo de 1939, Franco le habría concedido la Medalla Militar individual, pidiendo se le ayudara abonándole los «*devengos, medallas y pensiones y atrasos devengados dado el estado de indigencia en que se encuentra con la caída del Fascismo, pues por ser jerarca, le fueron confiscadas las máquinas y los materiales de tipografía que poseía y sufrir gran postración física, por padecer angina de pecho*». Petición que concluía «en la certeza de que esta instancia presentada a su Excelencia el Caudillo Franco, que con su noble corazón aceptará sin duda».

El expediente fue despachado secamente: «*No existe antecedente alguno sobre su muerte ni acerca de sus condecoraciones*». Bochornoso.

grados en la Misión Militar portuguesa de Observación. También hubo algunos pilotos.

Pues bien, buscando las medallas otorgadas a italianos y alemanes, encontramos dos concesiones a portugueses «Oficiales Legionarios lusitanos fallecidos en la Cruzada» como indica el general subsecretario del Aire, Apolinar Sáenz de Buruaga en su oficio al embajador de España en Lisboa el 13 de mayo de 1941[5]. Se trata de los alféreces João Manuel Machado Soares de Oliveira y Edmundo Porto Correia.

Sus expedientes pueden consultarse en el AHEA[6]. El primero de ellos cayó en combate el 28 de agosto de 1938 derribado en la bolsa del Ebro sobre la cota 471, pilotando un *Heinkel* He 51 en el Grupo 1-G-2. El segundo, destinado en el Grupo 6-G-15, falleció el 4 de noviembre de 1938 en un accidente aéreo en el aeródromo de Agoncillo.

Plaza Mayor de Salamanca, 4 de junio de 1939. Varios portugueses –unos con uniforme español y otros, portugués– en el acto de imposición de condecoraciones.

Existen además referencias contrastadas de la imposición de cuatro Medallas Militares en la ceremonia de despedida en Salamanca el 4 de junio de 1939, con la asistencia de los generales Dávila, Kindelán y Millán Astray. Se trataría del capitán Jorge Botelho Moniz, los alféreces José Caetano Rocha de Sepúlveda Veloso y Cláudio Emilio Pinto Correia Mendes y el cabo primero António de Sousa Araújo.

El alférez Veloso, combatió como aviador en hidros del Grupo 2-G-62 desde la base de Pollensa (Mallorca) siendo derribado y capturado sobre Vinaroz y canjeado en enero de 1939, reincorporándose al servicio y participando en la captura de la isla de Menorca. Curiosamente su concesión se publicaría en 1971, pero con fecha 4 de julio de 1939 y antigüedad de 1 de junio anterior.

El capitán de Artillería Jorge Botelho Moniz ejercía como jefe de la misión portuguesa y fue el fundador y director de la emisora *Radio Club portugués* que realizó una activísima campaña propagandística en favor de los sublevados.

5.- AHEA. 013557.428.

6.- AHEA. P58973 y P0000409, ambos con expediente de juicio contradictorio.

También fue concedida la Medalla Militar al legionario Afonso Gomes Barroso, agregado a la V Bandera de la Legión, fallecido el 8 de junio de 1937 en el frente de Madrid.

HENRI BONNEVILLE DE MARSANGY

Al capitán de Caballería del Ejército francés en la reserva, Henri Bonneville de Marsangy, miembro del partido monárquico Action Française, se le concedió la Medalla Militar el 17 de octubre de 1937, al aprobarse la concesión hecha por el general jefe de la 62 División el mismo día de su fallecimiento, en combate el 7 de octubre de 1937 en la toma de Labra (Asturias) al frente de una compañía del Batallón de San Fernando[1].

1.- AGMAV,C.2304,8,93.

Sorprendentemente el reconocimiento oficial fue dispar, a pesar de ser todos miembros del Ejército Nacional. Mientras los alféreces Soares de Oliveira y Porto Correia figuran en la *Galería Militar Contemporánea*, por haber sido publicada su concesión en el *BOE*, de los demás condecorados no existe mención ni dato oficial alguno. Misterio.

De esta forma, en el listado que acompaña a este trabajo se incluyen como concedidas siete Medallas Militares y como dudosas otras tres. Estas condecoraciones dudosas, de las que no tenemos constancia documental de fuente primaria, figuran en las relaciones de condecorados portugueses con la Medalla Militar individual, la Laureada colectiva y la Medalla Militar colectiva, de los artículos publicados por José Luis de Mesa en *Revista Española de Historia Militar*.

EL BELGA: RODOLPHE HEMRICOURT DE GRUNNE

Se trata de un voluntario inicialmente alistado en la Centuria Argentina de las milicias de Falange, herido en el frente de Santander el 19 de diciembre de 1936.

En el Hospital de Sangre tuvo como vecino de cama un piloto, también herido, que le animó a incorporarse a la aviación al conocer que Hemricourt tenía el título de piloto belga, y tras su paso por la escuela de aviación de Tablada, terminó en el famoso Grupo 2-E-3 de García Morato, participando en 425 misiones de guerra y derribando 14 aviones enemigos.

Concluida la Guerra Civil, volvió a Bélgica con el grado de teniente. Cuando su patria fue invadida por Alemania y tras la rendición del Ejército belga, el 28 de mayo de 1940 «desertó» –así fue considerado por el mando belga– huyendo a Gran Bretaña, incorporándose a la RAF en la 32ª Escuadrilla, en la mítica base de Biggin Hill, enfrentándose a sus antes hermanos de armas alemanes. Murió en combate pilotando un Spitfire sobre el Canal de la Mancha el 21 de mayo de 1941, entonces en el Escuadrón 609. Había derribado dos Me 109 y un bombardero Dornier Do 17, éste compartido.

Se le había concedido la Medalla Militar individual el 26 de abril de 1941 por el ministro del Aire, general Vigón. Nunca lo supo, la comunicación llegó cuando ya había fallecido en combate ¿quizás contra un piloto de la Legión Cóndor? Amigos ayer, desde entonces enemigos.

Su concesión está documentada y reconocida por ser miembro del Ejército Nacional (Aviación), apareciendo también en la Galería Militar Contemporánea.

Dos italianos condecorados con la Laureada

A diferencia de las *secretas y discretas* concesiones de la Medalla Militar individual, las dos Laureadas otorgadas a italianos, al teniente legionario Giuseppe Borghese y al cabo de carros de combate de la VIII Bandera de la Legión, Renato Zanardo, sí son conocidas y constan en la *Galería Militar Contemporánea*, ciertamente por considerárseles parte de una unidad española, la Legión, y no del CTV italiano.

El cabo Zanardo recibió con anterioridad, por los mismos hechos, la Medalla Militar individual, que en nuestra opinión habría de considerarse anulada por aplicación de las disposiciones que indican que: «la concesión de la Cruz Laureada de San Fernando a los generales, jefes, oficiales, suboficiales y tropa, anula cualquier otra recompensa concedida anteriormente o en tramitación para premiar el mismo hecho o servicio de armas»[7].

Como anécdota curiosa, Zanardo se enteró de la importancia de su Medalla Militar cuando fue entrevistado por el corresponsal de *ABC*, José Salas. Zanardo, no le había dado importancia ya que creía que ésta era una «medalla más» en el conjunto de condecoraciones españolas.

¿Dos Laureadas de San Fernando «clandestinas» a pilotos de la Legión Cóndor?

En el libro *The Condor Legion*, de Karl Riess y Hans Ring, publicado en Alemania en los años setenta del pasado siglo aparece un documento extraordinario: una carta ¡firmada por el general Franco! otorgando la Laureada al teniente piloto, Oskar Henrici, comandante de la escuadrilla de caza 4.J/88 (*Heinkel* He 51) de la Legión Cóndor, caído en combate en el frente de Madrid el 15 de noviembre de 1936.

Dicha carta no tenía desperdicio: ¡la concesión de la Laureada de San Fernando sin el preceptivo juicio contradictorio y por la sola y única autoridad del comandante en jefe del Ejército Nacional y jefe del Estado, Francisco Franco Bahamonde!

El contenido era, insistimos, sorprendente pero el papel en el que venía se correspondía plenamente con el tipo oficial usado por Franco en aquel momento, así como el escudo, que seguía siendo el de la República. La firma era indiscutiblemente de Francisco Franco

Arriba. Teniente legionario Giuseppe Borghese, condecorado con la Laureada de San Fernando.

Centro. Cabo de carros de combate, Renato Zanardo, a quien la otorgaron la Medalla Militar individual y la Laureada de San Fernando.

Abajo. Teniente piloto (*Leutnant*) Oskar Henrici. Fue condecorado por Franco con la Cruz Laureada de San Fernando.

7.- Decreto de 5 de abril de 1940 (*BOE* núm. 105, del 14).

[Documento en alemán, facsímil:]

EL JEFE
del
ESTADO ESPAÑOL

HAUPTQUARTIER DES OBERSTEN BEFEHLSHABERS

S A L A M A N C A

HEERESTAGESBEFEHL FÜR DEN 15. NOVEMBER 1.936.

Der Fliegerhauptmann in der Legion Oscar Henrici hat in der Luftschlacht über Zaragoza vom 19. Oktober seine Heldenhaftigkeit und sein unübertreffliches Können bewiesen, indem er drei feindliche Kriegs-Flugzeuge abschoss, darunter eine dreimotorige, die bei ihrer Explosion in der Luft das Öl ihres Tanks auf die Maschine des Hauptmanns Henrici verspritzte, was als Beweis anzusehen ist, in wie unmittelbarer Nähe von seinen Gegner dieser sich befand. Diese Tat allein verdient eine sehr grosse Auszeichnung.

Am 13. November liess er sich mit seiner Jagdstaffel in einen Luftkampf gegen einen zahlenmässig sehr überlegenen Feind ein. Im Verlauf des Kampfes wurde der Feind geschlagen und fünf seiner Jagdflugzeuge abgeschossen. Bei diesem sehr bedeutenden Sieg war das Handeln des Hauptmanns Henrici von grösster Wichtigkeit. Obwohl er während des Kampfes tödlich verwundet wurde, gelang es ihm auf Grund seiner unübertreflichen Heldenhaftigkeit und echt deutschen Energie, mit einer letzten, höchsten Kraftanstrengung nach Beendigung des Kampfes mit seiner Maschine den Flugplatz zu erreichen und vorbildlich zu landen, womit er sich die Unsterblichkeit gesichert hat. In den Augenblick des Landens schied er aus diesem Leben, nachdem er den Lorbeer des Sieges, der Selbstaufopferung für die militärische Ehre, für das Ansehen seines Geschwaders und für den

Ruhm seiner Nation errungen hatte.

Auf Grund der Taten, die in diesem Tagesbefehl des unter meinem Kommando stehenden Heeres erwähnt werden, und als Ansporn für Andere, verleihe ich als Oberster Befehlshaber dem Fliegerhauptmann in der Legion Oscar Henrici den Orden "Cruz Laureada de San Fernando", weil dieser Orden die höchste Auszeichnung ist, die in spanischen Heere einem Helden verliehen werden kann. Sie wird ihm angesichts des Feindes und mit den vorgeschriebenen Ehrenbezeugungen angeheftet.

Salamanca, den 15. November 1936.-

[firma]

---

y el redactado barroco correspondiente a la pomposidad de los textos influenciados por la prosa falangista, y no a la habitual sequedad germánica.

La concesión, en su *tramitación*, sin juicio contradictorio y directamente por el jefe del Estado, era un puro disparate y debería pasar al listado de bulos y fantasías pseudo-históricas si no fuera porque los historiadores Riess y Ring eran autores serios y reconocidos.

Año de 1936

Cuartel General del Generalísimo. Estado Mayor.

«Asuntos recompensas. Cruz de San Fernando, se concede a un Capitán [¡era alférez!] aviador de la Legión Oscar Henrici.»

CITACION:

El capitán aviador de la Legión Oscar Henrici, en el combate aéreo sostenido en Zaragoza contra el enemigo, el día diecinueve de Octubre, demostró su heroísmo y maestría imparable en la lucha aérea, derribando con sus fuegos a tres aviones de guerra enemigos, uno de ellos trimotor, que al hacer explosión en el aire proyectó el aceite de su depósito alcanzando al avión que pilotaba el capitán Henrici, siendo ello prueba de lo inmediato y cercano que se hallaba de su contrario. Este hecho por si solo es merecedor de muy alta recompensa.

El día trece de noviembre, actual, formando parte de su Escuadrilla de Caza, entabló combate aéreo contra fuerzas aéreas enemigas muy superiores en número. En el desarrollo de la lucha el enemigo fué vencido, abatiéndosele cinco aviones de caza. En esta señaladísima victoria la actuación del Capitán Oscar Henrici fue importantísima. Durante la lucha recibió heridas mortales, y por su heroísmo insuperable y energía teutónica, haciendo un supremo esfuerzo después de acabar el combate, tuvo aun alientos de inmortalidad para para llegar con su avión hasta el Aeródromo, tomando tierra perfectamente. En aquel momento rindió su vida, alcanzando los laureles de la victoria, del sacrificio por el honor militar, por el prestigio de su Escuadrilla y por la gloria de su Nación.

En virtud de los hechos que se mencionan en esta Citación de la Orden General del Ejército de mi Mando, como Generalísimo de él y para que sirva de ejemplo concedo al Capitán aviador de La Legión Oscar Henrici la Cruz Laureada de San Fernando, por ser la más alta recompensa que se concede a los héroes en el Ejército Español, que le será impuesta al frente del enemigo y con los honores que previene la Ordenanza.

Salamanca quince de noviembre de mil novecientos treinta y seis.

El Generalísimo

En el mencionado libro de Riess y Ring, se cita, también, la concesión de otra Laureada de San Fernando al teniente piloto Kraft Eberhardt, quien cayó en el mismo combate en que fue mortalmente herido Henrici, al colisionar su *Heinkel* 51 con el I-16 pilotado por el capitán ruso Sergey Tarkhov que trataba de derribar. Había alcanzado siete victorias aéreas.

Y un último y trascendental dato: cuando el teniente Henrici murió en combate, el mando de la escuadrilla 4.J/88 pasó a su compañero el capitán Knüppel que, en sus memorias escribió: «Este piloto murió como un héroe». Y añade: «Eberhardt y Henrici fueron póstumamente condecorados con la más alta medalla española, la Cruz Laureada, por el general Franco».

A Eberhardt y a Henrici, Hitler les concedió la máxima condecoración de la Legión Condor: la *Spanienkreuz* en oro y brillantes, solamente otorgada en 27 ocasiones, pero en los archivos alemanes figuran como condecorados con dos únicas medallas españolas: la de Sufrimientos por la Patria y la muy común Medalla de la Campaña. ¿Y la Laureada?

¡Quien busca, encuentra! El expediente de la concesión de la Cruz Laureada de San Fernando a Oskar Henrici estaba en el Archivo General Militar de Ávila[8]. En dicho expediente figuraba el borrador del texto inicial con rectificaciones a mano. Y también la copia literal de aquella carta que reprodujeron los historiadores, Riess y Ring, donde se recoge la acción en la que se produjo el acontecimiento, y muerte, que hizo merecedor de dicha condecoración al alférez Henrici; carta que sería firmada por el Generalísimo Francisco Franco y que podemos ver en la página anterior.

En efecto, el 13 de noviembre de 1936 nueve cazas He 51 de la escuadrilla J./88 de la Legión Cóndor, en escolta de cinco bombarderos –Junkers Ju 52/3– fueron interceptados por doce I-16 *Moscas* sobre Madrid, al mando del piloto ruso capitán Sergey Tarkhov *Antonio*.

Emblema de piloto militar (modelo 1938): unas alas extendidas y un disco rojo con el águila de San Juan en negro, añadiendo una hélice de cuatro palas.

En el combate Henrici derribó un I-16 pero fue atacado por otro, pilotado por Sergey Chernykh, alcanzándole un proyectil en un pulmón, pudiendo regresar malherido a Alcorcón, salvando el aparato y muriendo allí. Tenía cuatro victorias en su haber. Los alemanes reivindicaron cinco derribos por uno, y dos pilotos muertos –Henrici y

8.- AGMAV,C.52305 y C.19658, carpeta 2.

Oskar Henrici pilotaba un Heinkel He 51 como el de la fotografía.

Eberhardt– frente a la rusa de cuatro a dos a su favor. Exageraciones mutuas, habituales en todos los combates aéreos.

En consecuencia, nos encontramos con una cierta, pero absolutamente irregular, Laureada de San Fernando concedida por el alto y único mando –el de Franco–, al piloto Oskar Henrici.

También en este expediente, se encuentra la carta de Lotti Weber, seguramente la novia de Henrici, que pedía el 4 de junio de 1939 se le informara sobre la situación de dicho piloto ya que desde hacía tres años no recibía noticia alguna de él[9].

Solingen 4-6-39   Jefatura del Ejército Español

Les agradeceré me informen concretamente sobre el voluntario alemán, oficial de Aviación de Caza, teniente HENRICI, de la Legión Cóndor. Hace mucho tiempo que carezco de noticias suyas y lo creo muerto. Estábamos ligados por lazos de amistad, y aunque fuera penoso para mí conocer su muerte, tendría, sin embargo, el orgullo de saberlo caído luchando por la liberación de España.

Con saludos alemanes.   Lotti Weber

No figura en dicho expediente la contestación que se dio a la dolorida Lotti Weber. Así que, por una parte, se concedieron los máximos honores militares al piloto y por la otra se dejó en la más perfecta oscuridad a la mujer que le quería.

El ya citado Decreto de 26 de enero de 1937 resuelve el vacío legal que desde el alzamiento militar del 17 de julio de 1936 existía al haberse derogado de facto la legalidad republicana, y entre otras la reguladora del procedimiento reglamentario para la concesión de la Laureada de San Fernando y la Medalla Militar.

La Cruz Laureada ya había sido otorgada por Franco violando el reglamento de la Orden

Ya hemos examinado cual fue el devenir reglamentario de nuestro máximo galardón desde su creación en agosto de 1811, y recordemos que la Segunda República, por Decreto de 21 de julio de 1931, anuló los de 16 de marzo y 26 de noviembre de 1925 sobre Recompensas, recuperando el reglamento de la Orden de San Fernando, aprobado en 1920.

9.- AGMAV,C.19658, carpeta 9,6.

El procedimiento de ingreso en la Orden, marcado en los artículos 36 y siguientes, establecía como imprescindible que la concesión de la Cruz de San Fernando fuera precedida por el juicio contradictorio, donde resultara probado que los hechos que motivaban el otorgamiento fueran heroicos, requisito que no era necesario para las grandes cruces, cuya propuesta se haría por el Consejo de Ministros, comunicada a la Asamblea de la Orden que la debía devolver informada razonadamente, para, si fuera favorable, ser elevada al rey.

Esta aparente diferencia «clasista» entre las cruces laureadas otorgadas a soldados, oficiales y jefes que premiaban el «acto heroico», con las grandes cruces de los generales por la «dirección estratégica», se mantuvo durante la Segunda República. Con este criterio se daba por supuesto que las heroicas acciones en el campo de batalla que podían ser premiadas con las cruces laureadas eran similares a las que podían ser obtenidas en los cómodos y seguros despachos del Estado Mayor en la retaguardia, las grandes cruces con banda de seda cruzada en el pecho y venera en el lazo.

En consecuencia, era inequívoco que cualquier concesión de la Orden requería o el juicio contradictorio o el acuerdo del órgano del Gobierno, es decir el Consejo de Ministros, para otorgar por la jefatura del Estado la Gran Cruz.

La normativa legal era clara. No obstante, sería frontalmente violada por el general Francisco Franco cuando, llegó al aeropuerto de Sania Ramel (Tetuán) desde Las Palmas de Gran Canaria en el vuelo del 19 de julio de 1936. El día anterior un avión republicano había bombardeado el barrio moro de Tetuán provocando que: «la muchedumbre, desorientada, aturdida y presa del terror, intentó, invadir la plaza de España [hoy de Mohamed V] para dirigirse a la Alta Comisaria» y que, en consecuencia, pudiera comprometer el éxito del alzamiento.

El gran visir Ahmed Ganmia luce en su chilaba la Gran Cruz Laureada de San Fernando, además de otras condecoraciones españolas.

Fue entonces cuando los militares solicitaron la intervención urgente del gran visir Ahmed Ganmia que: «se lanzó a caballo por las calles, y con gran riesgo de su vida, de su prestigio y de su cargo, contuvo por completo la explosión popular, aquietando los ánimos, reduciendo a los exaltados y consiguiendo que todos regresaran pacíficamente a sus casas», como textualmente recogió el Decreto de 5 de septiembre de 1936 de la Junta de Defensa Nacional –el proto-gobierno militar bajo la presidencia del general más antiguo, Miguel Cabanellas– en el que ¡confirmaba la concesión de la Gran Cruz Laureada de San Fernando otorgada al gran visir ... por el general jefe de las Fuerzas de Marruecos, Francisco Franco el 19 de julio anterior!

A pesar de que se indicaba que el reglamento de la Orden no preveía su concesión a elementos civiles, la justificaba por las «circunstancias excepcionales, que si el legislador no previó, la realidad se encarga de acusar firmes caracteres».

Esta concesión violaba frontalmente –y por dos veces– el reglamento en vigor de la Orden de 1920. Primero porque la Laureada únicamente podía ser otorgada a militares y por actos de guerra –no por pacificar una población civil– y en segundo lugar porque un jefe de unidad militar no tenía autoridad para otorgarla razón por la que la Junta de Defensa purificó la concesión por sí y ante sí del general –aún no Generalísimo– Franco. Concesión, ésta, que, sí consta, en la *Galería Militar Contemporánea*.

Vemos por tanto que las concesiones a los pilotos de la Legión Cóndor de las Cruces Laureadas, tendrían ya su ilegal precedente en la exclusiva voluntad –contra la normativa legal– del general Franco sin necesidad de pasar por los «engorrosos trámites» fijados en el reglamento de 1920, que exigía juicio contradictorio, generalmente de larga duración, cuando era necesario recompensar inmediatamente al decisivo aliado militar alemán, la Legión Cóndor.

Así que con idéntica «desenvoltura» con la que Franco otorgó la Gran Cruz al gran visir, el ya Generalísimo promulgó el Decreto de 26 de enero de 1937, correspondiente a las condecoraciones de guerra.

Franco asomado al balcón de la Capitanía de Burgos. En su pecho lucía la Medalla Militar individual con dos pasadores.

Este decreto personal de Francisco Franco por su propia exclusiva y excluyente autoridad determinó que el reglamento de la Orden de San Fernando que rigió hasta 1931 no satisfacía las necesidades de campaña, considerándolo inadaptado, no aplicable, a la contienda en curso, anunciando la aprobación de un futuro reglamento de condecoraciones que fijaría definitivamente los procedimientos y requisitos y sería aprobado en 1942[10]... aunque mantenía el juicio contradictorio para la Orden de San Fernando.

Vemos que existió un vacío en la normativa sobre la concesión de la Gran Cruz y Cruz Laureada de San Fernando desde el inicio de la Gue-

---

10.- Ley de 14 de marzo de 1942 (*BOE* núm. 122, del 2 de mayo). Por la que se aprueba el Reglamento de Recompensas del Ejército en tiempo de guerra.

... Mas, como al reanudarse la vigencia del Reglamento de Recompensas, derogando el excepcional y más perfeccionado que rigió hasta 1931, no se satisfacen las necesidades de la actual campaña, es obligado el establecer una escala de aquéllas que, conservando las tradicionales y tan preciadas de nuestro Ejército, se prestigien y valoren con una concesión justa y limitada, en la cual sean premiados casos de distinción y méritos sobresalientes, otorgándoles especiales consideraciones. [...]

Artículo primero. Las recompensas que por méritos de campaña, pueden ser otorgadas a generales, jefes, oficiales y clases de tropa serán las siguientes:

a) Ascenso por mérito de guerra.
b) Cruz Laureada de San Fernando.
c) Medalla Militar.
d) Cruz de Guerra (antigua de María Cristina).
e) Cruz Roja de Mérito Militar.
f) Medalla de Sufrimientos por la Patria.
g) Medalla de la Campaña.

Artículo segundo. Ínterin no se apruebe el Reglamento por que se ha de regir la concesión de las recompensas enumeradas en el precedente artículo, corresponde a la Junta Superior del Ejército, proponer al Generalísimo el otorgamiento de cada una de ellas. [...]

Artículo cuarto. La Cruz Laureada de San Fernando, que será la única que conserve las categorías, derechos, pensiones y prerrogativas actuales, se otorgará mediante juicio contradictorio, en procedimiento de carácter sumarísimo, sin que para la concesión de tan preciada recompensa sea necesario hacer la computación de bajas que actualmente se exige [...]

rra Civil, el 17 de julio de 1936, hasta el 26 de enero de 1937, fecha del decreto citado por no existir reglamento alguno, fijándose desde la fecha de esta disposición, que la única autoridad sería la que venía siendo, la de Franco, y que la Laureada precisaría de juicio contradictorio, deviniendo así legítima la que había personalmente otorgado anteriormente, a Oskar Henrici el 15 de noviembre de 1936, en situación jurídicamente definible como «vacío legal» pero que no supuso obstáculo alguno para Franco, quien, a su antojo, vulneró todos los reglamentos de la Orden desde el primero de 1811. Reglamentos sustituidos por su propia voluntad.

Por tanto, tan legal fue la Gran Cruz concedida al gran visir, reconocida en los archivos de la Orden de San Fernando, como la Cruz Laureada de Oskar Henrici.

¿Y la de Kraft Eberhardt? Capítulo aún abierto.

El *Leutnant* Kraft Eberhardt, muerto el mismo día que Henrici, en la misma acción aérea. ¿Fue recompensado también con la Laureada de San Fernando?